SOZIOLOGIE

FORUM
DER DEUTSCHEN GESELLSCHAFT FÜR SOZIOLOGIE

Heft 4 • 2024

Herausgeber im Auftrag von Konzil und Vorstand der Deutschen Gesellschaft für Soziologie:
Prof. Dr. Dirk Baecker (verantwortlich im Sinne des Presserechts)
Redaktion: Prof. Dr. Sylke Nissen und Dipl. Pol. Karin Lange, Universität Leipzig, Institut für Soziologie, Beethovenstraße 15, D-04107 Leipzig, Tel.: 0341/97 35 648,
E-Mail: soz-red@sozio.uni-leipzig.de (Redaktion) oder dirk.baecker@zu.de (Dirk Baecker)

Vorsitzende der Deutschen Gesellschaft für Soziologie:
Prof. Dr. Paula-Irene Villa Braslavsky, Ludwig-Maximilians-Universität München,
Institut für Soziologie, Konradstraße 6, D-80801 München
E-Mail: paula.villa@lmu.de, Tel.: 089/2180 2441
Geschäftsstelle der Deutschen Gesellschaft für Soziologie:
Marcel Siepmann (Leitung), DGS c/o Kulturwissenschaftliches Institut Essen, Goethestraße 31, D-45128 Essen, E-Mail: marcel.siepmann@kwi-nrw.de,
Tel.: 0201/1838 138, Fax: 0201/1838 232
Schatzmeisterin der Deutschen Gesellschaft für Soziologie:
Prof. Dr. Heike Delitz, Universität Regensburg, Fakultät Sprach-, Literatur-, Kulturwissenschaft, Altes Finanzamt, Landshuter Str. 4, D-93047 Regensburg, E-Mail: Heike.Delitz@ur.de

Aufnahmeanträge für die DGS-Mitgliedschaft und weitere Informationen unter www.soziologie.de

Die Zeitschrift SOZIOLOGIE erscheint viermal im Jahr zu Beginn eines Quartals. Redaktionsschluss ist jeweils acht Wochen vorher. Für Mitglieder der DGS ist der Bezug der Zeitschrift im Mitgliedsbeitrag enthalten. Beiträge in der SOZIOLOGIE werden über EBSCOhost Information Services sowie in den Bibliographien von De Gruyter: IBZ und IBR erfasst.

Campus Verlag GmbH, Kurfürstenstraße 49, D-60486 Frankfurt am Main, www.campus.de
Geschäftsführung: Marianne Rübelmann
Programmleitung: Dr. Judith Wilke-Primavesi
Anzeigenbetreuung: Claudia Klinger, Julius Beltz GmbH & Co. KG, Postfach 100154, D-69441 Weinheim, Tel.: 06201/6007-386, E-Mail: anzeigen@beltz.de
Fragen zum Abonnement und Einzelheftbestellungen: Beltz Medien-Service, Postfach 100565, D-69445 Weinheim, Tel.: 06201/6007-330, E-Mail: medienservice@beltz.de

Bezugsmöglichkeiten für Nichtmitglieder der DGS:
Jahresabonnement privat 78 €, Studierende / Emeriti 35 €
Jahresabonnement Bibliotheken / Institutionen 118 € print / 177 € digital (nach FTE-Staffel)
Alle Preise zuzüglich Versandkosten. Alle Preise und Versandkosten unterliegen der Preisbindung. Kündigungen des Abonnements müssen spätestens sechs Wochen vor Ablauf des Bezugszeitraums schriftlich mit Nennung der Kundennummer erfolgen.

Druck: Beltz Grafische Betriebe GmbH, Bad Langensalza
Beltz Grafische Betriebe GmbH ist ein klimaneutrales Unternehmen (ID 15985-2104-1001).
ISSN 0340-918X

FSC
www.fsc.org
MIX
Papier | Fördert gute Waldnutzung
FSC® C089473

Inhalt

Berichte aus den Sektionen

Nachrichten aus der Soziologie

Liebe Kolleginnen und Kollegen,

die Soziologie sichert sich ihre fachliche Unabhängigkeit gegenüber gesellschaftlichen Ansprüchen, indem sie in der Gesellschaft Perspektiven der Beschreibung und Erklärung vertritt, die gegenüber denen der Akteure ›inkongruent‹ sind. Das gelang zuallererst mit dem Gesellschaftsbegriff selbst, der schon bei Tarde, Durkheim, Simmel und Weber keinen Zusammenhang von Institutionen, Werten, Normen und Regeln, sondern eine intervenierende Variable bezeichnet, die bei allem sozialen Handeln und Erleben zu berücksichtigen ist, aber nicht dingfest gemacht werden kann. Das gelang mit Parsons' Begriff der Bestandserhaltung, mit Colemans Begriff der Mikro/Makro-Verknüpfung, mit Bourdieus Begriff des Habitus und Luhmanns Begriff der Reduktion von Komplexität. Es gelingt auch dann, wenn man in der empirischen Sozialforschung auf Ungleichheit, in der kritischen Theorie auf die Dialektik der Aufklärung und in der Sozialtheorie auf eine reflexive Moderne hinweist. Auch mit Begriffen wie einer kapitalistischen, patriarchalen oder postkolonialen Gesellschaft kann man viele Akteure auf dem falschen Fuß erwischen. Jedes Mal macht eine Soziologie auf sich aufmerksam, die die Dinge anders sieht und so die gesellschaftliche Selbstbeschreibung mit unkalkulierbaren Effekten anreichert.

An diese etwas lästige Rolle der Soziologie ist zu erinnern, wenn sich in der Gesellschaft Sprachregelungen durchsetzen, die gefährliche blinde Flecken aufweisen. Der jüngste Fall scheint mir die Rede von der ›regelbasierten Ordnung‹ zu sein, an der sich die Außenpolitik der Bundesrepublik orientiere. Die Vorstellung einer regelbasierten Ordnung stammt aus der Beschreibung der internationalen Politik und bezeichnet wahlweise entweder den mit dem Völkerrecht, der UNO und den internationalen Institutionen der sogenannten Nachkriegszeit gesetzten rechtlichen Rahmen des Handelns von Staaten oder jene Ordnung, die sich mit der Dominanz der USA in den Währungen, auf den Märkten und auf dem Feld der Diplomatie in der Weltgesellschaft faktisch durchgesetzt hat. Zur Ideologie wird diese Vorstellung, wenn das eine mit dem anderen gleichgesetzt wird, also Regelhaftigkeit mit Rechtlichkeit gleichgesetzt wird. Man verliert dann den Blick für die Gestaltbarkeit des Rechts, für die Flexibilität der Regeln und für die Notwendigkeit von Verhandlungen.

Vor allem jedoch gerät der Eigensinn der Politik in den blinden Fleck. Politik hat es dann nicht mehr mit der Aufrechterhaltung eines Gewaltmonopols, das heißt mit der gewaltandrohenden Kontrolle der Ausübung von Gewalt zu tun, sondern mit dem Werben für einen Frieden, dessen Störung man irritiert zur Kenntnis nimmt. Zuweilen gilt dies auch innenpolitisch. Hier sind es die Regeln der Tradition, des Liberalismus, des Wohlfahrtsstaats oder der ökologischen Transformation, die mehr oder minder unbefragt den Takt politischer Entscheidungen vorgeben, in parlamentarischen Reden beschworen und in ministerielles und behördliches Handeln umgesetzt werden. Politik ist, was als Streit zwischen diesen Regeln von ihr übrig bleibt. Die Kunst der Verhandlung hat das Nachsehen.

Es entbehrt daher nicht der Ironie, wenn, worauf Steffen Mau in seinem Buch »Ungleich vereint« hinweist, ausgerechnet eine Bevölkerung, die das Experiment eines wissenschaftlichen Sozialismus über sich hat ergehen lassen müssen, in Deutschland ein Politikdefizit diagnostiziert. Eine Diktatur, die sich an ihre eigene Willkür nicht halten kann, hinterlässt einen schärferen Blick für den Eigensinn der Politik als eine Demokratie, die immer wieder behauptet, nur im Modus eines geregelten Rechtsstaats zu entscheiden. Wenn alles schon entschieden ist, einschließlich des Modus des Entscheidens, ist nichts mehr zu entscheiden. Zu einem Demokratiedefizit wird dann, dass auch nichts mehr zur Entscheidung gestellt wird.

Inkongruent ist, dass die Soziologie abhängig von ihrem Gesellschaftsbegriff auf eine Differenz zwischen Politik und Recht hinweist, die auf keine regelbasierte Ordnung reduziert werden kann. Inkongruent ist, dass damit nicht dem Frieden, sondern der demokratisch entschiedenen Gewaltkontrolle (in der Politik) und der verfahrenslegitimierten Konfliktregulierung (im Recht) das erste Wort erteilt wird. Kongruent ist, dass sich die Soziologie mit dieser Inkongruenz als Verletzung des Latenzschutzes der Gesellschaft reflektieren muss. Aber es hilft ja nicht. Nur so kann sich die Gesellschaft ihrer Mittel vergewissern und »Polarisierungsunternehmern« (Mau), die vom blinden Fleck profitieren, entgegentreten.

Mit herzlichen Grüßen
Dirk Baecker

SOZIOLOGIE, 53. JG., HEFT 4, 2024, S. 387–424

Symposion

Autorschaft

Einleitung

Dirk Baecker

In Heft 4/2022 haben wir dem Thema des Plagiats in der Soziologie ein Symposion gewidmet und mehr oder minder feststellen müssen, dass jenseits verwaltungs- und urheberrechtlicher Fragen nicht sehr viel zu einem Thema zu sagen ist, das dennoch im Zentrum auch der soziologischen Arbeit steht, insoweit sie im besten Sinne des Wortes in einer geisteswissenschaftlichen Tradition steht. Jeder unserer Texte steht im Zusammenhang aller unserer Texte. Wo hört der eine auf, wo fängt der andere an?

Wir greifen dieses Thema hier daher noch einmal auf und fragen explizit nach Rolle und Bedeutung der Autorschaft. Drei Autorinnen und ein Autor machen sich Gedanken über das Verhältnis von Autor und Text, Text und Gegenstand, Text und Leser:in. Das darf so objektivierend geschehen, wie es das soziologische Wissen um Rollen, Milieus, Netzwerke, Ideologien und Karrieren hergibt. Und das muss so subjektivierend wie nötig geschehen, um das Original vom Imitat, die sachliche Auseinandersetzung von der Polemik, den Stil vom Ergebnis unterscheiden und doch das eine auf das andere beziehen zu können.

Keine Autorschaft ohne eine Leserschaft. Das ist soziologisch beruhigend. Keine Autorschaft ist ganz bei sich. Und keine darf sich aus den Augen verlieren …

Man, Wir, Ich – Soziologische Autor*innenschaft zwischen Positionalität und Text-Eigensinn

Paula-Irene Villa

»Darf ich denn ICH schreiben in den Essays oder in der Hausarbeit?« Diese Frage hören wir wohl alle seit Jahrzehnten in der akademischen Lehre, auch in der soziologischen. Immer. Jedes Semester. Jedes Semester scheinen unsere Studierenden dann aufs Neue erstaunt und verwirrt, wenn wir sie als Lehrende ermutigen, »Ich« zu schreiben in ihren akademischen Texten.

»Darf ich denn ICH schreiben in den Essays oder in der Hausarbeit, Frau Professor?« Diese Frage höre ich seit Jahrzehnten meiner akademischen Lehre in der Soziologie. Immer. Jedes Semester. Jedes Semester sind meine Studierenden aufs Neue erstaunt und verwirrt, dass ich sie nachdrücklich dazu ermutige, »Ich« zu schreiben in ihren akademischen Texten.

»Darf ich denn ICH schreiben in den Essays oder in der Hausarbeit?« Diese Frage gehört wohl seit Jahrzehnten zur akademischen Lehre, auch in der soziologischen. Immer. Jedes Semester. Jedes Semester scheinen Studierende dann aufs Neue erstaunt und verwirrt, wenn sie von Lehrenden ermutigt werden, »Ich« zu schreiben in ihren akademischen Texten.

Wer auch immer hier den Einstieg formuliert, der Text bleibt inhaltlich derselbe. Oder nicht? An der Uni haben Studierende jedenfalls im Normalfall den Eindruck, dass sie nicht »Ich« schreiben dürfen. Und das ist mitnichten nur bei Studierenden so. ›Ich‹ war über weite Strecken des 20. Jahrhunderts in der Konstitutions- und Expansionphase der Soziologie – aber nicht hierauf beschränkt – das verschämt zu verheimlichende Unwesen im pluralis majestatis des ›Wir‹, es west bis heute als untote Leiche im Keller des ominösen ›Man‹-Autors. Es gibt aber auch das kumpelig-vage ›Wir‹ der Soziologen, gerade bei denjenigen, die gewollt ›einfach‹ soziologisch über die einfachen (Normal-)Leute auf der normalen Straße schreiben wollen, die ihrem einfachen Normalleben nachgehen, und sich als Soziologen darin kokettierend einschließen: »Da wir alle in Ensembles mitarbeiten, müssen wir alle ein wenig von der süßen Schuld des Verschwörers in uns tragen« so Erving Goffman (2002: 97). Weitaus üblicher, ja, wahrscheinlich hegemonial ist jedoch das angeblich verobjektivierte ›Man‹. In der Soziologie weiß man, denkt man aber auch mit anderen darüber hinaus, jedenfalls neigt man auch dazu. »Man neigt dazu, aus früheren Epochen zunächst diejenigen Funktionsschichten, die in der Gegenwart eine besondere Rolle spielen, als wichtig herauszuheben«, stellt etwa Norbert Elias fest (1983: 64) und formuliert derart durch die (oder eben seine?) Geschichte der Zivilisationsgeschichte hindurch. Allerdings, und das ist / das finde ich ganz interessant: Schon früh gibt es in der Soziologie auch ein munteres Durcheinander von Personalpronomen und Grammatikalisierungen von Autorschaft.[1] Die »Soziologie« von Simmel aus dem Jahr 1908 zum Beispiel verwendet Ich, Man, Wir – ohne dass dies speziell reflektiert oder gar systematisch strukturiert wirkt. Schauen wir uns, Sie Leserschaft also mit mir, die Seiten 17 bis 30 aus der »Soziologie« an:

Dort, wo bei Simmel überhaupt ein Autor oder eine Sprecherposition ausgewiesen wird, was nicht so häufig der Fall ist – denn die Dinge sind, die Arbeit wird getan, »es verhält sich« (Simmel 1992: 29) –, steht manchmal »Ich« wie in »Ich gehe dabei von der weitesten, den Streit um Definitionen möglichst vermeidenden Vorstellung der Gesellschaft aus: dass sie existiert, wo mehrere Individuen in Wechselwirkung treten« (ebd.: 17) oder in »Ich lasse dabei, wie schon angedeutet, die Frage dahingestellt, ob eine *absolute* Gleichheit der Formen bei Verschiedenheit der Inhalte vorkommt« (ebd.: 27; Herv.i.O.). Dann aber, wenige Seiten weiter, heißt es: »Man muss hier das Odium auf sich nehmen, von intuitiven Verfahren zu sprechen, […] von einer besonderen Einstellung des Blickes« (ebd.: 29). Man muss also, so Simmel, einen bestimmten Blick einnehmen, um soziologisch zu argumentieren. Man! Damit meint er, wie aus dem Kontext drumherum deutlich wird, auch sich. Ja, *gerade* sich, als derjenige, der mit dem Text, den er schreibt, eine neue Disziplin argumentativ zu begründen versucht (erfolgreich, wie wir wissen). Nach dem ein oder anderen »Ich« (S. 30 zum Beispiel) beziehungsweise Seiten ganz ohne Personalpronomina taucht plötzlich, wenn auch nachgeordnet in einer Fußnote, ein »Wir« auf:

»Sehen wir die unendliche Komplikation des gesellschaftlichen Lebens an, die eben aus der ersten Roheit sich erhebender Begriffe und Methoden, mit denen sie geistig bezwungen werden soll, so wäre es ein Größenwahn, jetzt schon eine bis zum Grunde hinunterreichende Klarheit der Fragen und Richtigkeit der Antworten hoffen zu wollen« (ebd.: 31).

1 Gibt es dazu systematische Untersuchungen? Wäre überhaupt eine spannende literatursoziologisch-diskursanalytisch-hermeneutisch-disziplinenhistorische Aufgabe, den Kanon derart zu analysieren.

Ein, wie ich (sic!) finde, schöner Satz, der (mich) an Rilkes 1903 geschriebene zauberhaft-wahrhaftigen Sätze zur Geduld erinnert.[2] Simmel schreibt sich damit in ein unbestimmtes, offenes ›Wir‹ ein, das ihn selbst und alle Soziologen in Spe zur Demut mahnt. Das an Soziologie, an Begriffs- und Methodenarbeit interessierte, sich als solches erst formierende ›Wir‹ sollte sich auf eine Gegenwart voller Fragen und Ungewissheit im teleologischen Lichte zukünftiger Antworten und Richtigkeiten einstellen.

Dieses muntere Changieren von Personalpronomina als Ausdruck von Sprecherpositionen ist ein bisschen wie beim Fußball, oder? Wenn die Spielerinnen nach dem Spiel die für die Quote obligatorischen atemlosen Interviews geben, möglichst direkt vom Spielfeldrand, um das authentische ICH der individuellen Spielerin zu erwischen. Da aber eine Sportlerin, ein Sportler immer gleichermaßen die unpersönliche Funktionsrolle verkörpert – DIE (Fußball-)Spielerin eben – wie eine einzigartige Individualität als Athletin, changieren dabei die Personalpronomina in faszinierender Weise. Das sind dann Interviews, die gleichermaßen allgemein floskelhaft wie aufschlussreich individuell tönen, wenn sie vom Ich zum Man und zurück wechseln. ›Ich hab heute alles gegeben, man will ja das Beste für die Mannschaft‹, ›man hat so hart trainiert, ich bin in Topform‹ … so in etwa. Wer jemals qualitative Interviews gemacht hat, kennt das. Und wer sich selber schonmal zugehört hat, zum Beispiel bei der eigenen Soziologie-Vorlesung oder bei einer akademischen Diskussion kennt das am eigenen Leibe. Von privaten Streitereien ganz zu schwiegen. Überraschend unsouverän kann sich das anhören. Und das ist meines Erachtens eine wichtige Pointe. Wir sind nicht souveräne Sprecher*innen, die sich ihrer selbst permanent bewusst sind und ihre Individualität performativ generieren (Butler) wollen oder müssen. Wir wissen, intuitiv-habituell (Bourdieu), auch um die Rollenprosa, die wir im sozialen Theater spielen, um sozial kompetent *impression management* (Goffman) zu betreiben. Aber wir beherrschen diese Formen nicht, eher beherrschen sie uns, agieren durch uns hindurch. Und, ja, wir – wir alle, ob als Autor*in soziologischer Texte oder Fußballer. Georg Simmel wirkt im Text übrigens

---

2 »[…] ich möchte Sie, so gut ich es kann, bitten, lieber Herr, Geduld zu haben gegen alles Ungelöste in Ihrem Herzen und zu versuchen, die Fragen selbst liebzuhaben wie verschlossene Stuben und wie Bücher, die in einer sehr fremden Sprache geschrieben sind. Forschen Sie jetzt nicht nach den Antworten, die Ihnen nicht gegeben werden können, weil Sie sie nicht leben könnten. Und es handelt sich darum, alles zu leben. Leben Sie jetzt die Fragen. Vielleicht leben Sie dann allmählich, ohne es zu merken, eines fernen Tages in die Antwort hinein« (Rilke 2023: 23).

ganz und gar nicht atemlos. Und doch wechselt er ebenfalls ziemlich unbekümmert und wohl auch ziemlich unbewusst, unreflektiert die Sprecherpositionen.

Personalpronomina in Texten beziehungsweise deren Vermeidung sind ein Indikator für den Umgang mit Autorschaft eines Textes[3] … Oder für den Umgang mit Autorschaft *in* einem Text? Das *in* würde implizieren, dass es ein relevantes Außen gäbe, zum Beispiel eine Autorin, der Text wäre eher instrumentelles Medium. Wenn, wohingegen, ›der Text selber mit Autorinnenschaft umgeht‹, der Text selbst gewissermaßen zwar nicht als Autor, aber doch als eigenlogischer Agens der Autorschaft zu verstehen ist. Und das möchte ich auch behaupten: Texte schreiben sich. Dazu gleich mehr.

Zunächst aber zurück zum Ich. Schematisch gesprochen, gilt wohl: Ich ist rhetorische Inszenierung von Individualität. Das kann als Autorschaft zweifach verstanden werden: als (rein) subjektiv formulierte Meinung, partikulare individuelle Singularität und also das Gegenteil dessen, was gemeinhin als Wesen der Wissenschaft verstanden wird.[4] Oder aber quasi als gespiegeltes Gegenteil: als besonders anerkannte fachliche Autorität, die durch fachinternen Status legitimiert ist. Da spricht ein Ich für das Ganze der Disziplin, des spezifischen Forschungsstands, der Thematik. La sociologie, c'est moi. Um beide Risiken der Individualität, die größenwahnsinnige und die subjektive, zu vermeiden, hat sich in der (deutschsprachigen) Soziologie das Schreiben möglichst ohne Personalpronomen etabliert. Und das aus guten Gründen. Tatsächlich verschwindet dabei der oder die individuelle Person als Autorin, zum Beispiel Paula-Irene Villa, an deren Stelle tritt die Sache, die durch die Person hindurch spricht. Der Forschungsstand sagt (vgl. soundso), andere Soziolog*innen sagen (wie soundso 1998 formulierte). Das ist meines Erachtens unauffällig und tatsächlich eine stimmige Weise der Behauptung (von Sachverhalten, Argumenten und so weiter) entlang wissenschaftlicher Standards. Was behauptet – in diesem Falle wiedergegeben – wird, ist präzise nachlesbar, und also ist dafür zunächst keine individuelle Verantwortung zu übernehmen. Allerdings verschwindet die Praxis der Autor*innenschaft damit keineswegs. Denn es ist ja immer noch eine spezifische Person, die den Forschungsstand rezipiert, auswählt, sichtbar macht;

3 Weniger überzeugend scheinen mir indes Versuche der Interviewauswertung, Personalpronomina und »agency« in einfacher Weise aufeinander abzubilden. Vgl. zur nuancierten Diskussion Löwenstein (2022).

4 Nämlich: intersubjektive Nachvollziehbarkeit, möglichst universale Verständlichkeit, Falsifizierbarkeit, methodisch kontrolliert.

auch Reproduktion ist Praxis; es ist eine spezifische Person, die Material analysiert, Texte interpretiert, Begriffe formuliert. Ein Text entsteht nicht ohne Autor*innenschaft. Then again, diese spezifische, nämlich soziologische Autor*in ist kein einzigartiges Individuum. Sondern ein intersektional positioniertes Subjekt. Autorschaft ist, meine ich, demnach ein komplexer Prozess der Subjektivierung im Lichte soziologischer Selbstaufklärung und geht einher mit einer gewissen Verantwortung für diese Positionierung inklusive deren unüberblickbare Dynamik. Schreib- beziehungsweise Textproduktionspraxis ist, wie jede Praxis, kein isolierter Akt einer vermeintlich autonomen Person, die vollständig über das verfügt, was sie als Person tut. Auch Schreibpraxis ist Interaktion, hochkomplex und unabgeschlossen. Wie erwähnt, der Text schreibt sich.

Was meint das konkret? Jeder Text erhält seine Bedeutung, nicht ganz, aber doch bedingt unabhängig von der Intention einer Autorin oder eines Autors. Texte werden gelesen, angeeignet. Sie zirkulieren, und sie tun dies in spezifischen sozialen Konstellationen. Was also ein Text sagt, ist auch unhintergehbar abhängig, aber nicht determiniert von unaufhörlichen Aneignungsprozessen. Davor kann niemand Texte bewahren – zum Glück! Davon lebt ja nicht zuletzt die Soziologie, wie jede Wissenschaft, etwa durch die andauernde Relektüre von ›Klassikern‹. Diese Relektüre ist auch die Bedingung der Möglichkeit der Kritik zum Beispiel des Kanons inklusive der Autoren. Auseinandersetzungen mit Autorschaft prägen und erweitern das soziologische Wissen, wenn zum Beispiel auf den Zusammenhang zwischen Autor als Person und Text als eigenlogischem Werk eingegangen wird. Dieser komplexe Zusammenhang ist ein weiteres konkretes Element der Autor*innenschaft in der Soziologie: Texte schreiben sich immer auch aus spezifischen *Positionalitäten* heraus. Dass Georg Simmel ein deutsch-jüdischer Autor in einer bestimmten Zeit (das frühe 20. Jahrhundert), an einem bestimmten Ort (Berlin), einem spezifischen Milieu angehörend[5] war, das prägt ganz sicher auch seine Texte (vgl. unter anderem Moebius 2002; Müller, Reitz 2002). Die Geschlechtersoziologie hat für quasi den gesamten Kanon immer wieder herausgearbeitet und tut es noch, wie sehr strukturelle Positionierungen von Autoren die Inhalte der Texte und damit des Faches prägen (vgl. aus der Fülle Gildemeister, Hericks 2012). Wer befreit von den

5 Bildungsbürgerlich, ›assimiliert‹, zwischen verarmt und wohlhabend, gut vernetzt und doch vom strukturellen auch akademisch sehr wirksamen Antisemitismus ein Leben lang drangsaliert.

Alltagssorgen des Kinderhütens oder Wäschewaschens sich ganz der geistigen Arbeit widmen kann, wird womöglich diese Tätigkeiten nicht angemessen ernst nehmen, und also weniger soziologisieren. Oder?

Wer ›Man‹ oder ›Ich‹ oder ›Wir‹ überhaupt sagen kann, klassischerweise, kann dies nur, weil eine soziale Position ihm, (ganz selten, aber doch zunehmend auch) ihr oder (noch seltener) ihnen/ohne Pronomen dies ermöglicht. Autorschaft ist in dieser macht-, ungleichheits- und herrschaftskritischen beziehungsweise auch nur gesellschaftlich struktursensiblen Perspektive dann doch wieder entscheidend. In einer verdichteten und (mir zu sehr) zugespitzten Formulierung:

»Wissenschaftliche Wissensproduktion, darauf weisen uns Debatten in der Wissenschaftstheorie wie auch in den Sozialwissenschaften schon seit langem hin, vollzieht sich niemals unabhängig von den sozialen Positionen und Standpunkten der beteiligten Personen. Forschende können der Welt, und damit auch ihren Forschungsgegenständen, zwangsläufig nur aus ihrer Position in ebendieser Welt heraus begegnen. Und die Einsichten und das Wissen, das sie auf diese Weise produzieren, ist folglich immer mitgeprägt von dieser spezifischen Position und den mit ihr verbundenen Perspektiven auf die Welt. Die Analysen und Perspektiven der weißen, männlichen, ganz überwiegend bildungsbürgerlichen ›Klassiker‹ bilden hier keine Ausnahme, sondern sind in genau dem gleichen Maße situiert, positioniert und damit partikular wie die Perspektiven aller anderen (das heißt anders gemachten, othered) Forschenden. Was die partikularen Erkenntnisse der ›Klassiker‹ aber von denen aller anderen unterscheidet, ist ein doppelter Prozess der Universalisierung, den Erstere durchlaufen: Einerseits werden sie gerade durch ihre Aufnahme in den soziologischen Kanon als universal gesetzt, indem sie zu den Grundlagen einer Allgemeinen Soziologie erklärt werden. Durch ihre Kanonisierung werden sie nicht nur zu Werken von zeitloser Gültigkeit, sondern – und das ist im notorisch umkämpften und oftmals recht unversöhnlichen Feld der Soziologie vermutlich noch wichtiger – zu Werken erhoben, die über alle soziologischen Gräben und Spezialgebiete hinweg Relevanz für sich beanspruchen dürfen. Kanonisierung ist damit ein ›god trick‹, durch den ein positionierter, situierter Blick auf die Welt zu einem ›gaze from nowhere‹ verklärt wird. Andererseits setzt diese mit der Kür zum ›Klassiker‹ verbundene Universalisierung bereits auf einem tieferliegenden gesellschaftlichen Prozess der Universalisierung auf, bei der gewisse Standpunkte und Subjektivitäten von vorneherein als neutral oder unmarkiert gelesen werden und damit nicht mehr als subjektivierte Standpunkte erkennbar sind« (Heßelmann 2024).

So plausibel und kaum zu überschätzen der Hinweis auf die Situiertheit, in meinen Worten: Die *Positionalität* von Autorschaft ist, wie sie hier vehement und mit kritischem Duktus formuliert wird – so problematisch ist dies in der allzu engen Kopplung und dem darauf basierenden argumentativen Determinismus von sozialer Positionalität und inhaltlicher Position. Hieraus resuliert ein »positionaler Fundamentalismus« (Villa 2020), der identitär anmutet. Wer demnach weiß oder jüdisch oder deutsch oder männlich und so weiter sozial positioniert ist, denkt und schreibt auch entsprechend. Was auch immer das bedeuten soll. Vielfach, darauf verweisen ja zahlreiche Studien,[6] bedeutet es tatsächlich, dass bemerkenswerte Auslassungen, Vorurteile, lebensweltliche Normativität, ideologische Verzerrungen und so weiter Texte prägen, die für sich den Anspruch erheben, genau das zu vermeiden – weil und insofern sie eben wissenschaftlich, zum Beispiel soziologisch sind. Vielfach allerdings sperren sich Texte und das darin formulierte Wissen, ob als Evidenz, Fakten, Argumente oder schlicht Forschungsstand selber gewissermaßen gegen eine allzu einfache Kolonisierung durch soziale Positionierungen. Anders gesagt: Texte können die soziale Positionierung, der sie sich verdanken, nicht ungeschehen machen, aber doch transzendieren. Das müssen sie, wollen sie gute Soziologie sein, meines Erachtens auch versuchen. Ob das gelingt, entscheidet weder die Autorin noch ein Leser, sondern der Text in einem andauernden Prozess der Zirkulation. Es gibt einen textlichen Eigensinn, der die Autorin nicht vergessen, aber auch nicht allein verantwortlich machen kann. Die Verflechtungen von sozialer Positionalität (des Autors) und inhaltlichen ›Positionen‹ des Textes – das schließt ausdrücklich auch Literaturauswahl, Anerkennung eines Forschungsstands, Berücksichtigung oder Ignoranz gegenüber sachlich-fachlichen Erkenntnissen, Methodenfragen und so weiter ein – sind gegeben und sie sind komplex, widersprüchlich, dynamisch, empirisch auszuloten. Es sich dabei zu einfach zu machen, ist schlechte Soziologie. Sich selber als Autor zu wenig Mühe zu geben, etwa das eigene Selbstverständliche – die eigene Positionierung im Sozialen – nicht zu ›befremden‹, ist ebenfalls schlechte Soziologie.

Mit diesen Begebenheiten lässt sich als konkrete Autorin in der Soziologie nur reflexiv und möglichst nüchtern umgehen. Aus meiner, hoffentlich soziologisch begründeten, Warte sind dabei heroische Eigentlichkeitsgesten (›eigentlich interessant ist‹, ›das eigentliche Thema ist‹) ebenso zu vermeiden wie identitäre Selbstoutings.[7] Beides sind letztlich autoritäre beziehungsweise fundamentalistische Formen der Selbstimmunisierung. Aber, die gute

6 Etwa wissenschaftshistorischer Art, exemplarisch aus der großen Fülle Schiebinger (1993), Oudshoorn (1994).

7 ›Ich als weiße, jüdische, bildungsbürgerliche, nicht behinderte, migrantische yadayada Professorin‹.

Nachricht ist: Auch die sind selbstverständlich nie das letzte Wort eines Textes. Mir scheint vielmehr Verantwortung der Dreh- und Angelpunkt von Autor*innenschaft. Verantwortung für einen Text zu übernehmen, bedeutet genau nicht, sich souverän als alleinige Bestimmerin über deren Inhalt zu inthronisieren. Das muss scheitern. Verantwortung meint vielmehr mit der Unabschließbarkeit von Bedeutung und Inhalt zu rechnen. Der Text gehört allen gleichermaßen – Leserschaft, Studierenden, einer unübersichtlichen Öffentlichkeit, weiteren Texten – und jeder Versuch, ihn zu besitzen muss und sollte auch scheitern. Texte zirkulieren, und mit ihnen ihre Bedeutung, es gibt kein letztes Wort über ein Wort. Das ist eigentlich eine Binse. Sie kann sich bei Derrida, Butler und Weiteren hoch eloquent vertieft nachlesen – und immer wieder weiter spinnen – lassen, sie kann aber auch in jedem Seminar an der Uni neu erfahren werden, als Gelegenheit, daran zu lernen. Der Kontext der Texte schreibt sich in ihnen ein. Es ist dabei ziemlich egal, was sich eine Autorin oder ein Autor dabei gedacht oder damit beabsichtigt hat. Der Text kommuniziert, nicht die Autorin. Und was der Text da sagt, tut, meint, das kann der Text nicht aus sich heraus allein kontrollieren.

Wir können wissen: Autor*innenschaft ist eine soziale Praxis, die auf Autorisierung hofft. Eine eigenlogische Praxis, die in spezifischen Rahmen stattfindet und durch die wir als Soziolog*innen *impression management* im Lichte doppelter Kontingenz betreiben, hoffend auf Distinktionsgewinne, inmitten performativer Diskurslogiken; dabei wird nicht zuletzt um Hegemonie gerungen und es werden zentrale Ressourcen verteilt. Texte ficht das alles bedingt an. Sie machen ihr Ding.

Literatur

Elias, Norbert 1983 [1969]: Die höfische Gesellschaft. Frankfurt am Main: Suhrkamp.

Gildemeister, Regine / Hericks, Katja 2012: Geschlechtersoziologie. Theoretische Zugänge zu einer vertrackten Kategorie des Sozialen. München: Oldenbourg.

Goffman, Erving 2002 [dt. Erstausgabe 1983]: Wir alle spielen Theater. Die Selbstdarstellung im Alltag. München: Piper.

Heßelmann, Felicitas 2024: Kein Gott, kein Staat, kein Klassikerdiktat! Plädoyer für eine andere Soziologiegeschichte. Soziopolis: Gesellschaft beobachten. https://nbn-resolving.org/urn:nbn:de:0168-ssoar-92788-3.

Löwenstein, Heiko 2022: Agency rekonstruieren, Agency konzeptualisieren: Eine Skizze zum Stand der Agency Analyse, zu methodologischen Perspektiven und zur theoretischen Bestimmbarkeit. In Daniel Doll / Barbara Kavemann /Bianca Nagel /Adrian Etzel (Hg.), Beiträge zur Forschung zu Geschlechterbeziehungen, Gewalt und privaten Lebensformen: Disziplinäres, Interdisziplinäres und Essays. Opladen: Verlag Barbara Budrich, 35–52.

Moebius, Stephan 2002: Simmel lesen. Moderne, dekonstruktive und postmoderne Lektüren der Soziologie von Georg Simmel. Stuttgart: Ibidem.

Müller, Hans-Peter / Reitz, Tilman (Hg.) 2018: Simmel-Handbuch. Begriffe, Hauptwerke, Aktualität. Berlin: Suhrkamp.

Oudshoorn, Nelly 1994: Beyond the Natural Body. An Archeology of Sex Hormones. Milton Park: Routledge.

Rilke, Rainer Maria 2023 [1903]: Briefe an einen jungen Dichter. Zürich: Insel.

Schiebinger, Londa 1993: Nature's Body. Gender in the Making of Modern Science. Boston: Beacon Press

Simmel, Georg 1992: Soziologie. Untersuchungen über die Formen der Vergesellschaftung. Gesamtausgabe, Band 11. Frankfurt am Main: Suhrkamp.

Villa, Paula-Irene 2020: Identitätspolitik. POP. Kultur & Kritik, 9. Jg., Heft 1, 70–76.

Distinktionsprobleme

Maren Lehmann

Auf den ersten Blick scheint es sich einfach um Produktplacement zu handeln, um eine Popularisierungsvariante. Dieses Muster mag heute den merkwürdig managerial klingenden Namen *Wissenschaftskommunikation* tragen, aber es ist alles andere als neu; es beginnt mit Inszenierungen messianischer Helden, die sich beim Verfertigen von Gedanken beobachten lassen – in Ledersesseln in Bibliotheken, auf Bergwiesen und Kletterpfaden in olympischem Aufstieg, rauchend und trinkend in Kneipen oder Küchen. Immer anschaulicher und immer leichter, endlich in digitaler Gestalt nahezu körperlos werdende Bücher entwerfen sich immer körperlicher und immer alltagspraktischer werdende Personen, für die Lesen und Schreiben wie Leben und Reden zum beseelten Accessoire ihrer selbst wird. In diesem Muster ist Autorschaft: Ambiente. Der Konjunktur von Bucheinbänden jedenfalls – kein universitärer Vortrag mehr ohne Einblendungen von Buchdeckeln, kein Schreibtisch oder Urlaub öffentlicher Persönlichkeiten mehr ohne deren beiläufiges Hin-, Hoch- und Aufhalten – korrespondiert eine Literatur, Journalismus und Wissenschaft übergreifende Renaissance personalisierter, biografisierter, subjektivierter Beobachtungs- und Beschreibungsstile. Das personalisierte Buch wird zum *running gag* öffentlicher Selbstinszenierung. Als solcher taucht es dann (gerne als Fotografie zerlesener Erstausgaben) in den Vortrags- und Vorlesungsbebilderungen auf. Es versetzt Sprechende und Schreibende in eine auratische, davidsbündlerische Szenerie, die Hörende, Lesende, Studierende auf magische Initiationen verweist. In diesem Muster ist Autorschaft: apostolische Sukzession.[1]

Auf den zweiten Blick ist dieser denkmalpflegerische Distinktionsstil akademischer *tribes* genauso wie der konsumistische Distinktionsstil der Werbung für Bücher durch Leute in Umgebungen vielleicht nur ein Oberflächenphänomen, kaum mehr als eine auch unkonzentrierter Beobachtung auffallende Façette eines allgemeinen Trends zur Personalisierung von Kommunikation. Dieser Trend[2] erstaunt insofern nicht, als er nichts anderes darstellt als die einfachste, unaufwendigste, nächstliegende Form der Komplexitätsreduktion durch Zurechnung. Personalisierungen lassen sich als Plausibilisierungshilfen verwenden und also auch instrumentalisieren. Denn sie begrenzen Kommunikation im allgemeinen und Texte im besonderen durch eine Generalisierungs- und Abstraktionsschranke (die Ebene des Handelns und Erlebens), und diesseits dieser Schranke machen sie Identifikationsangebote. Dergleichen Angebote sind verführerisch, weil sie Selektivität in der Adressierung suggerieren, besondere Individualität und zugleich allgemeine Inklusion versprechen und implizit Widerspruch, Ablehnung, Kritik entmutigen.[3] Die Plausibilitätshilfe der Personalisierung wird dadurch nicht nur zum Mittel, sondern auch zur verpflichtenden Norm. In diesem Muster ist Autorschaft: ein Identifikationsangebot.

Beiläufig fällt auf, dass Autorschaft in diesem Sinne einer Verführung zum Einverständnis durch Selektivität eines Vorschlags oder Angebots als Verwandte symbolisch generalisierter Kommunikationsmedien erscheint

1 Ohne im Folgenden weiter darauf einzugehen: Vermutlich liegt hier das praktische Problem, das mit Plagiaten einhergeht. Ein verlässlich respektiertes Reglement stellt sicher, dass sich keine Illegitimen in die Nachfolge einschleichen. Aber das geschieht auf der Ebene der Zertifikate, nicht auf der Ebene der Textproduktion. Insoweit – aber, wie gesagt, ich setze diese Überlegung hier nicht fort – fungieren Plagiatsprüfungen wie Vaterschaftstests: Sie beweisen alles, stellen verlorenes Vertrauen aber nicht wieder her. Neben individuell zurechenbaren Vergehen beweisen sie immer auch den Ruin des Vertrauens in die Zertifikate – und zelebrieren (oder cachieren) diesen Beweis durch Exklusion ad personam.

2 Ich verwende den Ausdruck ganz unbegrifflich-naiv als Beschreibung eines vermuteten alltäglichen Sogs, der eher Symptom als Inbegriff einer Transformation ist.

3 Was seinerseits verführerisch ist, weil Kritik den Kraftaufwand reproduzieren und steigern würde, den Personalisierung ja gerade reduziert hatte.

(vgl. Luhmann 1975), also im Horizont von Macht, Wahrheit, Recht, Liebe steht. Vor diesem Hintergrund verweist ein personalisierender Plausibilisierungsstil auf mögliche Formänderungen dieser Medien, muss also nicht zwangsläufig als deren simplifizierender Rivale verstanden werden. Dafür spricht, dass die Personalisierung sich auf der symbolischen Ebene vollzieht, indem *faces* von Leuten und Büchern (im Modus der Bebilderung) zu einer Sinnfigur zusammengezogen werden, die formal verstanden und im Vollzug des Verstehens hingenommen wird, ohne Rückfragen zu provozieren. Es müsste sich dann allerdings um eine leere Personalisierung handeln, die gerade kein Identifikationsangebot macht – wenn man nicht soweit gehen möchte, diese Leere als Vakanz aufzufassen, die im Sinne eines sozialisierenden Stellenlesens (vgl. Maye 2019) episodisch be- und entsetzt wird. Autorschaft, so ließe sich diese Möglichkeit immerhin verstehen, ist eine *vacancy chain* der episodischen, instabilen, flüchtigen Verknüpfung von Personalisierungserwartungen mit Identifikationsangeboten (vgl. White 1992), die in der Verknüpfung mit Sinnverweisen angereichert, für sich selbst ansonsten leer sind.[4]

*

Bei all dem bleibt die Frage, und sie wird drängender, wie sich akademisches, wissenschaftliches, zumal soziologisches Schreiben und Lesen, wie sich vor allem Theoriearbeit im elaborierten Sinne zu solchen Personalisierungen verhält – umso mehr dann, wenn sie im Zuge von Popularisierungserwartungen zur Norm werden. Finden Problematisierungen auf höheren Abstraktionslagen noch jenen »Kredit«, um den Luhmann schon in den 1960ern mit den Worten warb, in einer komplexen Welt ohne exklusiv adressablen Punkt der Lokalisierung von Erkenntnis werde »die Sprache der täglichen Verständigung und damit auch das Anschauungsvermögen versagen und durch stärker formalisierte Mittel der Informationsbewältigung ersetzt werden müssen«? (Luhmann 1995: 397; vgl. Luhmann 1981) Immerhin: Auch Autorschaft kann sich unter solchen Anforderungen nicht auf lebensweltliche Situiertheit zurückziehen, nicht mehr von einem »Erfahrungsbereich« ausgehen, »wo mir niemand etwas vormachen kann« und wo alltagspraktische Plausibilitätstests in dem Sinne brauchbar wären, »die em-

4 Und ich meine ›für sich selbst‹ ernst, denn diese Leere wird als solche erlebt und sozialisatorisch in Erwartung transformiert; der Ausdruck ›Bildung‹ dürfte dafür treffend sein.

pirischen Methoden durch Milieukenntnis zu ergänzen, wenn nicht zu ersetzen« (Luhmann in Horster 1997: 35). Autorität zum Beispiel für Studierende erreicht ein:e Wissenschaftler:in dann nicht durch Plaudern, nicht durch Erzählen, nicht durch Geselligkeit, sondern durch eine spezifische Zumutungsqualität, die – weil sie die interaktive Form von Kritikfähigkeit ist – in Texten nachvollziehbar sein wird und sein muss. Plausibilität erreichen diese Texte nicht durch Personalisierung als solche, sondern durch Kontextualisierung als eine Strategie, individuelle Erfahrungen als Kontextvariante neben anderen explizit zu machen. Diese Art der Autorschaft bringt sich nicht als Urheberin eines Textes in Stellung, sondern macht sich als dessen Aspekt im Text selbst unterscheidbar und beobachtbar – kein autoritärer, sondern ein intellektueller, lernender, im präzisen Sinne kritischer Gestus, dessen Selbstvertrauen darauf beruht, Infragestellungen kognitiv verarbeiten zu können. Autorschaft verhält sich demnach öffnend und schließend zugleich;[5] man könnte von einem provokanten Unterlegenheitstraining im Umgang mit Beobachtungen, namentlich mit Kritik, sprechen. Autorschaft, hieße das, ist: trainierte Unterlegenheit;[6] nur daraus – wenn überhaupt aus etwas – erwächst die Autorität, die ihr zugestanden werden mag.

Niemanden wird überraschen, dass ein dergleichen auf Kritikfähigkeit trainierter Habitus – umso mehr, da er eben in einem zumutungsaffinen Interaktionsstil erarbeitet wird – als gesellschaftlich schlecht integrierbar gilt. Man wird vielleicht – in einem anderen Sinne, als Barthes (2005) vorschlug – auf seinen Tod warten, um dann mit den erwähnten Bebilderungen und Nobilitierungen eigener Ambitionen auf »Unsterblichkeit« (Foucault 2001: 1008) zu beginnen. Autorschaft kann dann endlich auch Sammelleidenschaft (*alles von* xyz) orientieren und komplementäre Leserschaft ignorieren. Und aus der Schlechtintegrierbarkeit wird man vielleicht auch zu Lebzeiten schon eine Popularisierungschance eigener Art destillieren können, die Autorschaft trivialpolemisch mit dem Decorum des Unverständlichen versieht und diversen Fundamentalismen programmatischer Nichtverwertbarkeitsideale ein-

5 Vgl. dazu die »scope and reduction«-Argumentation bei Kenneth Burke, insbesondere deren Eröffnung, »the representative anecdote« (Burke 1969: 59 ff.), die dazu dient, das bloß Informative vom Repräsentativen zu unterscheiden und an dieser Unterscheidung eine Argumentation immer wieder zu messen. Es geht um eine Form (Burke: einen Calculus) hinreichender Abstraktion, hinreichender Komplexität und hinreichender Rekonkretisierbarkeit oder ›Einfachheit‹.

6 Unnötig zu sagen vielleicht, dass genau hierin der Sinn der gesundheitlich ruinösen Lektürearbeitsaufwände liegt, mit denen Autorschaft biografisch einhergeht.

verleibt. Das erlaubt es schließlich auch, Popularisierungserfolge und -misserfolge mittels desselben Schematismus zu erklären: Verständlichkeit und Inklusivität auf der einen, Unverständlichkeit und Exklusivität auf der anderen Seite. Autorschaft ist dann der Name, unter dem dieser Schematismus wirksam wird, ohne weiter expliziert zu werden. Ein anderer Name desselben ist: Ehrgeiz; Ehrgeiz hinsichtlich der Möglichkeit, über Systemgrenzen publizistisch verfügen zu können und nicht im eigenen funktionalen Spielfeld bleiben zu müssen, und wohl auch Eitelkeit hinsichtlich der diabolischen Persona, die solche Grenzüberschreitung verleiht.

Der bereits angesprochene Personalisierungs-, Biografisierungs- und Subjektivierungstrend in wissenschaftlichen, zumal aber in soziologischen Texten verdankt sich dieser Erwartung an Grenzüberschreitung. Sehr sicher geht diese Erwartung von Aufgabenerweiterungen wissenschaftlichen Arbeitens in Richtung eines Rechtfertigungsdrucks aus, der erfahrene Förderung (i.e.: Finanzierung) durch *die* Gesellschaft an eben *die* Gesellschaft verzinst zurückzuzahlen und *die* Gesellschaft dabei kommunikativ nicht zu überfordern verlangt. Personalisierende Stile, die jede Problematisierung und jedes Argument in einen Tun-und-Ergehens-Zusammenhang einbetten und dadurch ein niedrigschwelliges Verständnis- und Identifikationsangebot machen, genügen dieser Forderung, auch weil diese sich selbst schon beim ersten Anklang einer Befriedigung vergisst. Genauso sicher allerdings unterlaufen Autor:innen dieses Nichtüberforderungsgebot – allein schon dadurch, dass sie es strategisch erfüllen und dabei laufend die Kontingenz dieser Strategie mitkommunizieren. Als exemplarisch für diese im genauen Sinne ironische Praxis kommen nicht nur Textformen in Betracht, die bestimmte Abstraktionskonventionen dort einführen, wo diese Konventionen als überraschend gelten können,[7] sie dann aber als Verzweigungsanker ins Abstrakte auf sich beruhen lassen und nur zum Anlass narrativer Erörterungen nehmen: »This reminds me of a story!« (Weick 1995: 131). Der kritikaffinen Unterlegenheit, die sich durch Einwände nicht nur an Unsicherheiten und Fehlerquellen erinnern, sondern auch im Umgang damit trainieren lässt, ist diese ironisch von sich selbst erzählende Seite von Autorschaft ohne Zweifel verwandt.

7 In der publizistischen Öffentlichkeit, in Beratungsseminaren, häufig auch in der universitären Lehre.

In diesem Sinne handelt es sich bei den heute um sich greifenden autofiktionalen Publikationsformen[8] nicht um Aufstiegslegenden (die sie oft genug auch sind), nicht um Street-Credibility-Bilanzen (die sie oft genug auch sind) und nicht um säkularisierte Beichttagebücher (die sie oft genug auch sind). Jedenfalls macht sie all dies nicht zu Dokumenten zeitgenössischer, mit polykontexturaler funktionaler Differenzierung konfrontierter und deren Grenzen pragmatisch, kritisch, ironisch unterlaufender, soziologischer Autorschaft. Sondern es handelt sich oder könnte sich jedenfalls handeln um strategische Anwendungen der so einfachen wie eleganten, so defensiven wie unverschüchtert anwendbaren Einsicht, dass »Personen [...] sich nicht funktionalisieren [lassen]« (Luhmann 1990: 236). Als Proben auf dieses Exempel sind autofiktionale Texte, so sehr geschmeidig auch immer sie sich den personalisierenden Stilen der Popularisierung andienen und ihren Leser:innen Identifikations- oder Verständigungsangebote machen, vor allem dies: Veranschaulichungen der gesellschaftlichen Unverfügbarkeit von Autorschaft. Weniges könnte in diesem Sinne wissenschaftlich souveräner sein als ein personalisierender Stil, nicht obwohl, sondern gerade weil sich damit wissenschaftlich überhaupt nichts anfangen, erklären, belegen oder kritisieren ließe, und das gilt umso mehr, als Autorschaft sich auf diese Weise als Vielzahl von personae entwerfen kann und sich entsprechend selbst gerade nicht als Identifikation anbietet (vgl. Zanetti 2019). Der Wechsel von analogen in digitale Öffentlichkeiten ist, erst recht, solange er Ergänzung ist, viel eher Ressource als Handicap von Autorschaft. Solange jedenfalls, wie auch die Texte höherer Abstraktionslagen und unanschaulicher Verstehensebenen geschrieben und publiziert werden und solange Autorschaft nicht derart unter Rechtfertigungsdruck gerät, dass sie die Zumutungsinteraktionen nicht mehr riskieren kann, in denen sie ihre Kritikfähigkeit trainiert.

*

Es bleibt der vielleicht entscheidende, jedenfalls lebenspraktisch folgenreichste Punkt. Autorschaft wird, auch in dieser Skizze bis hierhin, in unbeirrtem Traditionalismus dargestellt als mehr oder minder inklusionsfähiges

---

8 Ich zähle auch solche darunter, in denen am Beispiel der eigenen Herkunft Szenarien der Sozialstrukturanalyse, der Sozialgeschichte oder der Habituspraxeologie entworfen werden, in denen also die eigene Biografie und/oder deren sozialer Kontext zum exemplarischen Fall von Theoriediskussionen oder zur narrativen Illustration von Datensätzen stilisiert wird.

Gegenüber von Individuum und Gesellschaft in einer mehr oder minder rezeptionsfähigen Medienlandschaft. Natürlich kann davon überhaupt keine Rede sein, wenn man ernst nimmt, in welchen sozialen Umgebungen, nein, genauer: in welchen Systemumwelten Autorschaft entstehen und sich behaupten soll. Das ist, soweit es um wissenschaftliche Autorschaft geht, vor allem (und am biografischen Anfang nahezu ausschließlich) die Universität, die sich in einem komplexen Geflecht wissenschaftlicher, politischer und ökonomischer Systemreferenzen behaupten muss.[9] Nimmt man ernst, dass ein Geflecht von Systemreferenzen nichts anderes ist als eine Mehrzahl gleichzeitiger Selbst- und Fremdreferenzen, das heißt prinzipiell gleichrangiger System/Umwelt-Unterscheidungen, die jede für sich asymmetrisiert und untereinander in eine Präferenzordnung gebracht werden müssen, um orientieren zu können, dann überrascht der Organisationsgrad der akademischen, universitären Realität nicht mehr.

Zweifellos gilt daher, dass Autorschaft organisiert ist nicht in dem Sinne eines nimmermüde produzierenden, *sich vernetzenden,* in Beziehungsbewirtschaftung also begabten und hinsichtlich allfälliger Unterwerfungserwartungen robusten *Teamplayers*, sondern im Sinne eines sozialen *byproducts* dieser organisierten wissenschaftlichen Realität (vgl. Bardmann 1990). Vermutlich könnte man von einem *boundary object* dieser Realität sprechen (Star 2017), *quasi-object* und *quasi-subject* zugleich (Serres 1987, Latour 2001), und entsprechend spukt Autorschaft in den organisierten Universitäten genauso (das heißt: immer anders, immer unzuverlässig), wie diese Organisation in jeder Autorschaft spukt. In diesem Sinne ist Autorschaft: eine selbst schlecht integrierbare, aber vielfach geschmeidig anschlussfähige (das heißt auch: instrumentalisierbare) kommunikative Szene, die sich als Projektionsfläche und Schlachtfeld von Erwartungen eignet. Dominieren werden Erwartungen, die sich einem funktionalen System zwar zuordnen lassen, aber Schwierigkeiten der Stabilisierung dieser Zuordnung auf sich nehmen und deshalb immer in einem prekären Spannungsverhältnis zum jeweiligen Funktionssystem stehen, immer dem Verdacht ausgesetzt sind, externen Systemreferenzen anheim zu fallen oder unzuverlässige Joker zu sein, Habitat aller möglichen Hazardeure.[10]

---

9 Zu denen weitere hinzukommen: die schulische Erziehung, die religiösen Trägerschaften der Colleges und Campus Universities, die familialen Erwartungen und so weiter.

10 Wie oben in Fußnote 1 bereits angedeutet: Das Plagiatsproblem ist ein Problem dieser organisationalen Ebene, ein Organisationsproblem im genauen Sinne.

Autorschaft kann und wird sich dann in den zahllosen Formen zeigen, in denen diese organisierte Szene ihre Grenzen vergegenwärtigt. Sie wird sich zeigen als Verunsicherung oder vielleicht auch nur Prokrastination zuverlässiger Zuordnungen, und dies umso mehr, als dergleichen den in ein Korsett formalisierter Temporalisierungen eingeschnürten Karrieren entgegenkommt. Sie zeigt sich – *calm down and carry on!* – in einem gepflegten Stil unbeeindruckbar widerständiger Intellektualität, der vielleicht nichts (aber immerhin dies) ist als eine verzweifelte Nachrationalisierung verlogener Inszenierungen *intrinsisch motivierter* Leistungsbereitschaft. Sie zeigt sich, wenn Seminare nicht variantenarme, sondern gerade variantenreiche Geselligkeiten werden, deren *requsite variety* dazu dient, die Zumutungen der sich bei jeder Gelegenheit trainierenden Kritik möglichst verletzungsfrei abzufangen. Sie zeigt sich, wenn in den Lobbies, Fluren und Vorplätzen der Gebäude versucht wird, die Differenz von regulierter Universitätsorganisation und krisenlahmer Gesellschaft in variantenreichem Aktivismus zu politisieren. Kann sein: Sie spukt. Aber tot ist sie nicht.

Literatur

Bardmann, Theodor M. 1990: Wenn aus Arbeit Abfall wird. Überlegungen zur Umorientierung der industriesoziologischen Sichtweise. Zeitschrift für Soziologie 19. Jg., Heft 3, 179–194.

Barthes, Roland 2005 [1968]: Der Tod des Autors. In Roland Barthes, Das Rauschen der Sprache. Kritische Essays IV. 4. Auflage. Frankfurt am Main: Suhrkamp, 57–63.

Burke, Kenneth 1969 [1945]: A Grammar of Motives. Berkeley, Los Angeles, London: University of California Press.

Foucault, Michel 2001: Was ist ein Autor? In Michel Foucault, Schriften / Dits et Ecrits. Band 1 (1954–1969). Frankfurt am Main: Suhrkamp, 1003–1041.

Horster, Detlef 1997: Niklas Luhmann. München: Beck.

Latour, Bruno 2001: Das Parlament der Dinge. Für eine politische Ökologie. Frankfurt am Main: Suhrkamp.

Luhmann, Niklas 1975: Einführende Bemerkungen zu einer Theorie symbolisch generalisierter Kommunikationsmedien. In Niklas Luhmann, Soziologische Aufklärung 2. Opladen: Westdeutscher Verlag, 170–192.

Luhmann, Niklas 1981: Unverständliche Wissenschaft. Probleme einer theorieeigenen Sprache. In Niklas Luhmann, Soziologische Aufklärung 3. Opladen: Westdeutscher Verlag, 170–177.

Luhmann, Niklas 1990 [1977]: Funktion der Religion. 2. Auflage. Frankfurt am Main: Suhrkamp.

Luhmann, Niklas 1995 [1964]: Funktionen und Folgen formaler Organisation. Mit einem Epilog 1994. Berlin: Duncker & Humblot.
Maye, Harun 2019: Blättern/Zapping. Studien zur Kulturtechnik der Stellenlektüre seit dem 18. Jahrhundert. Zürich: diaphanes.
Serres, Michel 1987 [1980]: Der Parasit. Frankfurt am Main: Suhrkamp.
Star, Susan Leigh 2017: Grenzobjekte und Medienforschung. Bielefeld: transcript.
Weick, Karl E. 1995: Sensemaking in Organizations. Thousand Oaks, Calif.: Sage.
White, Harrison C. 1992: Identity and Control. A Structural Theory of Action. Princeton, N.J.: Princeton University Press.
Zanetti, Sandro 2019: Gespensterbelebung. Autorschaft und Autorität. Geschichte der Gegenwart. https://geschichtedergegenwart.ch/gespensterbelebung-autorschaft-und-autoritaet/, letzter Aufruf am 23. August 2024.

Autor*in werden in Zeiten asymmetrischer Ignoranz

Eine Selbstanzeige

Manuela Boatcă

Das Schreiben, und damit das Autor*in werden, beginnt bekanntlich mit dem Lesen. Und doch gestehen Wissenschaftler*innen gelegentlich ihre Verlegenheit darüber, bestimmte Schlüsselwerke oder kanonische Texte nicht gelesen zu haben – ein Ausdruck von Bescheidenheit, der ihre (sonstige) Kompetenz unterstreichen soll. Da ist zum Beispiel der Soziologe, der nie Webers »Protestantische Ethik« gelesen hat, oder die Philosophin, die sich nie mit Kants »Kritik der reinen Vernunft« befasst hat. Ein gewisser Status im jeweiligen Fach vorausgesetzt, kann aus dieser Bildungslücke eine kreative Tugend werden. Dennoch empfinden viele Wissenschaftler*innen, die keinen einzigen Text aus ganzen Weltregionen außerhalb des Westens gelesen haben, selten diese Art von Verlegenheit, weil die Kenntnis solcher Werke keinen Standard für Fachkompetenz darstellt. Dieser Mangel an Verlegenheit signalisiert das, was postkoloniale Theoretiker*innen als sanktionierte Ignoranz einer Theorieelite (Spivak 1999: x) bezeichnen oder als asymmetrische Ignoranz zwischen dem europäischen Zentrum der Wissensproduktion und seiner Peripherie in der »Dritten Welt«, die in den Worten von Dipesh Chakrabarty nicht weniger als »the very nature of social science pronouncements« ausmachen:

»For generations now, philosophers and thinkers who shape the nature of social science have produced theories that embrace the entirety of humanity [...] in relative, and sometimes absolute, ignorance of the majority of humankind – that is, those living in non-Western cultures.« »Third-world historians feel a need to refer to works in European history; historians of Europe do not feel any need to reciprocate. [...] This is a gesture, however, that ›we‹ cannot return. We cannot even afford an equality or symmetry of ignorance at this level without taking the risk of appearing ›old-fashioned‹ or ›outdated‹« (Chakrabarty 2000: 29, 28).

In diesem Fall sind die Größenordnungen der Bildungslücken umgekehrt: Man hat nicht einen wichtigen Text verpasst, sondern einen Großteil oder sogar alle Texte. Und man hat damit eine strukturell ungleiche Verteilung der Aufmerksamkeit reproduziert – zu Gunsten der bekannten, zu Ungunsten der verpassten Werke und ihrer Entstehungskontexte (vgl. Boatcă, Parvulescu 2024). Ausgangspunkt dieses Beitrags ist die Überlegung, dass in einem strukturell ungleichen System globaler Wissensproduktion die eigene Autor*innenschaft erst gegen die asymmetrische Ignoranz durchgesetzt werden muss, bevor man selbst Autor*in werden kann. Diese Überlegung wird im Folgenden auf die Frage der Selbstpositionierung der Soziologie innerhalb der intellektuellen Arbeitsteilung in den Sozial- und Geisteswissenschaften sowie auf meine eigene Positionierung im deutschen und internationalen Wissenschaftssystem bezogen.

Dass die sich Ende des 19. Jahrhunderts herausbildende akademische Arbeitsteilung Disziplinen hervorbrachte, in denen die westliche Welt sowohl Sprechsubjekt als auch Studienobjekt war, wird mindestens so lange international diskutiert, wie die asymmetrische Ignoranz. Bereits 1996 arbeitete die Gulbenkian Kommission in ihrem Bericht »Öffnet die Sozialwissenschaften« heraus, dass in dieser arbeitsteiligen Logik seit dem 19. Jahrhundert der Soziologie als selbstdefinierter Wissenschaft moderner Gesellschaften die Ethnologie und die Orientalistik gegenüberstanden (vgl. Wallerstein et al. 1996). Letztere hatten die Aufgabe, zu erklären, warum der »Nicht-Westen« nicht modern war oder es nicht werden konnte, (vgl. Boatcă, Costa 2010: 69). Damit war zum einen die Soziologie theoretisch und empirisch an ihrem historischen und sozio-ökonomischen Entstehungskontext, der westeuropäischen Industriegesellschaft, gekoppelt (vgl. Kreckel 2006). Zum anderen war gleichzeitig die soziologische Autor*innenschaft vom »Nicht-Westen« – Europas und der Welt – dauerhaft entkoppelt.

In ihren Darstellungen der kapitalistischen Moderne blendete die Soziologie allmählich Prozesse aus, die mit nicht-westeuropäischen Standorten verbunden waren – von den besonderen historischen Umständen der europäischen kolonialen Expansion in den Amerikas über die koloniale und imperiale Eroberung der außereuropäischen Welt bis hin zu den Auswirkungen der versklavten Plantagenarbeit auf die Entwicklung der westlichen Gesellschaften (vgl. Wallerstein et al. 1996; Randeria 1999; Patel 2006). Die Verankerung zentraler sozialwissenschaftlicher Theorie- und Forschungsfelder in den erkenntnistheoretischen Prämissen des westeuropäischen Kontexts produzierte so systematisch eine klinisch verklärte Version des modernen »Europas« oder was Chakrabarty »hyperreales Europa« nennt – »a Europe constructed by the tales that both imperialism and nationalism have told the colonized« (Chakrabarty 2000: 40). Darin kamen nicht nur koloniale Gewalt, Völkermord und Plünderung nicht vor, sondern auch keine Erfahrungen der »Mehrheitswelt« (Connell 2007) – der Millionen von Menschen, die jahrhundertelang zum Nutzen westeuropäischer Institutionen wie der katholischen Kirche, von Konzernen wie der britischen oder der niederländischen Ostindien-Kompanie oder aller europäischen Staaten, die um die territoriale Kontrolle in Übersee wetteiferten, gewaltsam ausgebeutet oder über Kontinente hinweg zwangstransportiert wurden. Aus dieser vorherrschenden Vorstellung von Europa – als Subjekt wie als Objekt der Soziologie – fehlte auch die freiwillige Auswanderung von bis zu fünfzig Millionen Europäer*innen in die Amerikas zwischen 1840 und 1930 (vgl. Therborn 1995: 40; Trouillot 2003: 31). Zu dem Zeitpunkt, als Marx und Engels, ausgehend vom britischen Kontext, den Klassenkampf als *den* Hauptkonflikt der europäischen, modernen bürgerlichen Gesellschaft identifizierten, und die Proletarisierung als deren Ergebnis (vgl. Marx, Engels 1977), begann für zwölf Prozent der Bevölkerung des Kontinents – und für nicht weniger als fünfzig Prozent der Bevölkerung Großbritanniens – die Auswanderung in die europäischen Kolonien in den Amerikas und damit ein Ausweg aus der Armut. Die massive Auswanderung und der Rückgang der ethnischen Diversität in Europa bis in die 1950er Jahre durch Nationenbildung, Vertreibungen und Wellen ethnischer Säuberungen sorgten allmählich dafür, dass Prozesse kollektiver Organisation und sozialer Schichtung eher in Form von Klasseninteressen und Klassenkonflikten als in Form ethnischer oder rassischer Zugehörigkeit theoretisiert wurden (vgl. Boatcă 2014; 2015).

Besonders aufschlussreich im Zusammenhang mit der system(at)ischen Anbindung der Soziologie an die ausschließlich als westlich definierte Moderne ist die Tatsache, dass nach der Jahrtausendwende in einem Symposion des *European Journal of Social Theory* die globale Reichweite der Soziologie als ein neues Phänomen des späten 20. und frühen 21. Jahrhunderts diskutiert wurde (vgl. Caillé 2007: 182). Prominente westeuropäische und U.S.-amerikanische Soziologen verbanden damit die Vorstellung, dass die Soziologie in den kolonisierten und totalitären Ländern so lange fehlte, bis die Unabhängigkeit oder die Demokratisierung es diesen ermöglichte, endlich zu Empfänger*innen des in Westeuropa und den USA produzierten – und von dort aus verbreiteten – soziologischen Denkens zu werden. Aus einer solchen Perspektive asymmetrischer Ignoranz war es in dem besagten Heft möglich, Lateinamerika als passive Empfänger*in westlicher Sozialtheorie zu betrachten, und als eine Region, die erst nach dem Zweiten Weltkrieg begann, eigene soziologische Werke zu produzieren (vgl. Touraine 2007: 186). Soziologische Autor*innenschaft erschien damit als Errungenschaft nachholender Modernisierung. Wie viel soziologische Autor*innenschaft lateinamerikanischer Provenienz, die schon seit langem wichtige Beiträge zu verschiedenen Strängen soziologischen Denkens geleistet hat, durch diese und ähnliche Ausschlüsse buchstäblich aus-der-Welt geschafft wird, wurde kürzlich in der SOZIOLOGIE anhand der Wissensproduktion und -rezeption lateinamerikanischer und karibischer soziologischer Werke exemplarisch gezeigt (vgl. Oettler, Ruvituso, Santos 2024). Diese Art von Verunmöglichung von Autor*innenschaft durch die Entkoppelung der soziologischen Wissensproduktion von nicht-westlichen Gesellschaften wird anhand eines – passender Weise oft in Lateinamerika verwendeten – Verbs besonders deutlich: »ningunear« – Spanisch für »übergehen« oder »nicht in Betracht ziehen«, wörtlich zu übersetzen mit »zur Nichtperson erklären«.

Doch auch das Wissen über europäische Kontexte wie den Osten Europas fällt in den Bereich der asymmetrischen Ignoranz, wie ein zweiteiliges Symposion in der SOZIOLOGIE 2023 kürzlich gezeigt hat (Worschech, Korablyova, Langenohl 2023; Büttner et al. 2023). Im Gegensatz zum peripheren »Orient«, der als ein unvollständiges Anderes Europas und als Ort der Barbarei, Irrationalität und Mystizismus konstruiert wurde, hat die Semiperipherie im Osten Europas – die mit vielen der Attribute ausgestattet ist, die in die Konstruktion des weißen, christlichen, westeuropäischen Selbst eingegangen sind – in der westlichen Imagination die Rolle von Europas unvollständigem Selbst eingenommen. Mit Maria Todorova gesprochen operierte der Osten Europas im westeuropäischen akademischen Diskurs »als ein Repositorium negativer Eigenschaften, gegen die ein positives und selbstherrliches Bild von Europa und dem ›Westen‹ konstruiert wurde« (Todorova 2003: 235). Die geografische Nähe zu Asien und das Erbe der osmanischen Herrschaft ließen zudem vor allem den Balkan als Zwischenstadium zwischen Orient und Okzident erscheinen, der deshalb als halbentwickelt, semikolonial, semizivilisiert oder halborientalisch galt. Dass die Zuschreibung dieses Übergangscharakters nach wie vor angewandt und auch für die soziologische Wissensproduktion gilt, verdeutlicht die nach 1990 lange Zeit vorherrschende Gleichsetzung der Soziologie »Osteuropas« mit der Transformationsforschung. Verstanden als eine Reihe »Aufholprozesse unterentwickelter Gesellschaften« mit dem Ziel, »die moderne Gesellschaft mit politischer Demokratie, Marktwirtschaft und Wohlstand der breiten Bevölkerung« (Zapf 1996: 169) zu erreichen, war Transformation explizit als nachholende Modernisierung eines »anderen« Europa gedacht (vgl. Langenohl 2023). Angesichts der anhaltenden Unterrepräsentation des europäischen Ostens in Publikationen, Forschungsthemen und Denominationen von Professuren sowie der weitaus geringeren Berücksichtigung sozialer Fragen anderer Kontinente und Regionen hierzulande, mahnte Klaus Schlichte im SOZIOLOGIE-Symposion, hätten »die deutschen Sozialwissenschaften ihre eigene Globalisierung noch vor sich« (2023: 416).

Auch international wird die »Mehrheitswelt« kaum angemessen repräsentiert. Dies hängt zwar mit der global asymmetrischen Ignoranz zusammen, erschöpft sich aber darin nicht. Primärtexte nicht gelesen zu haben, die Geschichte nicht zu kennen und sich vor allem nicht mit den in den Sprachen der peripheren und semiperipheren Weltregionen verfassten Theorien zu beschäftigen, erscheinen als legitime Optionen in einer kolonial und imperial untermauerten Arbeitsteilung innerhalb des Wissenschaftssystems. Auf der einen Seite wird der theorieproduzierenden Metropole, die vor allem mit dem globalen Norden assoziiert wird, zugeschrieben, die Wissenschaft, die Begriffe und Methoden, den literarischen und sozialwissenschaftlichen Kanon sowie eine adäquate Geschichtsschreibung hervorgebracht zu haben. Auf der anderen Seite wird die Peripherie auf ihre Rolle als Datenquelle und Repositorium für Mythen, Folklore und indigene Kunst reduziert, aus der sich weder Konzepte noch kanonische Literatur ableiten lassen. Auch ist Wissenschaftspolitik zu oft einem Theoriekanon in einer oder zwei Sprachen verpflichtet, was in der internationalen Verteilung von Wissensproduktion begründet ist (vgl. Connell 2007; Keim et al. 2014, Schlichte 2023). Angemessen repräsentiert zu werden, ist jedoch nur ein Teil der Lösung dieser ungleichen Aufmerksamkeitsökonomie. Wenn Edward Said (1978), in Anlehnung an Marx' 18. Brumaire, seiner Orientalismus-Studie das Zitat voranstellt »Sie können sich nicht selbst vertreten, sie müssen vertreten werden«, wirft er indirekt die Frage der Autor*innenschaft auf. Wer bekommt in einem ungleich strukturierten Wissenschaftssystem eine Stimme? In Anlehnung an Gramscis Begriff des Subalternen formulierte Gayatri Spivak 1988 in dem Titel ihres berühmten Aufsatzes dies als zunächst offene Frage: »Can the subaltern speak?«. Auf den deutschen Sprachraum – und auch auf weiblich gelesene Autor*innenschaft – wurde diese Frage bereits vor über zwanzig Jahren in dem von Encarnación Gutiérrez Rodríguez und Hito Steyerl (2003) herausgegebenen Sammelband »Spricht die Subalterne deutsch?« übertragen. Die Frage, die der Sammelband zu beantworten suchte – Lässt sich postkoloniale Kritik auf den deutschen Kontext übertragen? – bekam darin unterschiedliche Antworten. Doch die Tatsache, dass dabei ausschließlich migrantische und rassifizierte Autor*innen zum deutschen Kontext befragt wurden, signalisierte bereits eine Wende in den Möglichkeiten sozialwissenschaftlicher Autor*innenschaft, die seitdem zwar langsam, aber spürbar auch eingetreten ist. Für eine ganze Generation von Sozialwissenschaftler*innen, die ihren Platz im deutschen Wissenschaftssystem such(t)en, wie auch für meine eigene Autor*innenschaft und soziologische Stimme – kam diese Wende wie gerufen.

Positionalität als Selbstverortung

Als rumänische Wissenschaftlerin in Deutschland denke und schreibe ich ebenfalls seit gut zwanzig Jahren von der Grenze zwischen Westeuropa und seinem Anderen her – dem, was zu verschiedenen Zeiten in der Geschichte als »Osteuropa« definiert wurde und oft immer noch auf ein epigonales Anderes darin reduziert wird. Mein Ansatz ist, wie alle anderen, geopolitisch, intellektuell und epistemisch situiert. Meine eigene Positionierung als migrantische Wissenschaftlerin in der deutschen Soziologie zu artikulieren, habe ich jedoch erst spät als notwendigen Schritt hin zu meiner eigenen soziologischen Stimme begriffen.

Aufgewachsen bin ich in Bukarest in einer weißen rumänischen Mittelstandsfamilie im letzten Jahrzehnt des Ceaușescu-Regimes. Meine Eltern, Lehrende der rumänischen Sprache und Literatur und Liebhabende von Grammatik und Geschichte, kamen beide aus der Moldau, dem Nordosten des heutigen Rumäniens. Sie hatten vor 1989 nicht viele Gelegenheiten, ins Ausland zu reisen. Aber sie haben sich sehr dafür eingesetzt, dass ich – im

Gegensatz zu ihnen, die gezwungen wurden, Russisch zu lernen, bevor sie mit dem Studium der rumänischen Sprache und Literatur beginnen konnten – von klein auf westliche Sprachen lernen konnte, vor allem Englisch und Französisch. Ihre Entscheidung war also implizit eine Entscheidung *gegen* die Auferlegung der sowjetischen Bildung, die das Europa des Staatssozialismus ein halbes Jahrhundert lang geprägt hatte, und *für* den Zugang zum kulturellen Kapital Westeuropas in der anhaltenden Geopolitik des Wissens zwischen Ost und West. An der Universität Bukarest entschied ich mich 1993 für ein Studium der Anglistik und Germanistik mit Spanisch als Wahlfach und blieb damit fest in einem westeuropäischen Rahmen. Mehr als Sprachen und fremde Literaturen um ihrer selbst willen interessierten mich jedoch die Muster sozialer Ungleichheit, die in den Romanen, die ich las, durchschienen, und die Machtstrukturen, die die Sprachen, die wir studierten, durchzogen, und die mir ein Kurs in Soziolinguistik offenbart hatte. Deshalb bin ich nach Abschluss meines Philologiestudiums in Bukarest nach Deutschland gegangen, um Soziologie zu studieren – im Master, wie ich dachte, aber das gab es 1998 in Deutschland noch nicht. So wurde daraus eine Promotion in Soziologie mit den Nebenfächern Neuere deutsche Literatur und Amerikanistik an der Katholischen Universität Eichstätt-Ingolstadt. Plötzlich wurde mein abstraktes Interesse an sozialen Differenzen und Ungleichheiten zu einer gelebten Erfahrung. Ich war damit aufgewachsen, mich als Europäerin zu verstehen. Und ich hatte während meiner Kindheit in der Innenstadt von Bukarest das Privileg, nicht darüber nachdenken zu müssen, ob ich weiß bin, auch weil rassifizierte Unterschiede vom staatssozialistischen Regime ausgeblendet wurden. Als ich in den Jahren vor der sogenannten »Osterweiterung« der Europäischen Union nach Deutschland migrierte, erlebte ich, wie das Europäischsein verschiedener Bevölkerungsgruppen allmählich auf die Unionsbürgerschaft reduziert und das Weißsein der Ost- und Südeuropäer*innen zunehmend in Frage gestellt wurde. Auf einmal war es nicht mehr klar, ob ich in Deutschland wirklich weiß war – und Bürgerin meines neuen Aufenthaltslandes war ich erst recht nicht. Die Schwierigkeiten, die sich aus der Schreibweise meines Nachnamens im Ausland ergaben, und die Unannehmlichkeiten, die mein rumänischer Pass sowohl den Grenzbehörden als auch mir selbst auf Reisen immer wieder bereitete, machten mir deutlich, wie wenig europäisch ich im damaligen westeuropäischen Kontext war. Ich brauchte einige Jahre und einen Doktortitel in Soziologie, um zu begreifen, dass ich eigentlich migriert war und in Deutschland bleiben würde. Aber ich hatte noch keinen analytischen Rahmen, um diese neuen Bedeutungen zu erfassen. Die deutsche Soziologie der 1990er Jahre bot wenig Raum für eine kritische Auseinandersetzung mit Fragen von transnationaler Migration, Rassifizierung und Ausgrenzung. Die deutsche Kolonialgeschichte wurde im Vergleich zu anderen europäischen Ländern als unbedeutend in Umfang und Dauer angesehen und weit weniger diskutiert als die nationalsozialistische Vergangenheit. Postkoloniale Perspektiven wurden in der Soziologie nur ansatzweise artikuliert, blieben aber weitgehend marginal oder wurden in die Anthropologie verwiesen. Bei einem Forschungsaufenthalt in den USA kurz vor dem 11. September lernte ich die Analyse des modernen Weltsystems und die lateinamerikanische dekoloniale Perspektive kennen. In beiden Ansätzen waren die Erfahrungen der Peripherie und die globalen strukturellen Abhängigkeiten sofort präsent – ebenso wie ihre Marginalisierung in den herrschenden Gesellschaftstheorien. Der Staatssozialismus, in dem ich aufgewachsen war und den die Weltsystemanalyse als politische Strategie der semiperipheren Staaten Osteuropas definierte, die ihren ökonomischen Abstieg in die Peripherie verhindern und gleichzeitig ihre Teilhabe am kapitalistischen Weltsystem sicherstellen sollte, hatte in meinen Augen endlich eine plausible globale Logik erhalten. Die Geschichte war wohl doch noch lange nicht zu Ende – auch wenn Francis Fukuyama dies 1991 verkündete (und 2019 dementierte).

Meine Dissertation über Theorien des sozialen Wandels im Rumänien des 19. Jahrhunderts nach der Unabhängigkeit vom Osmanischen Reich und ihre Wahlverwandtschaft mit lateinamerikanischen Dependenztheorien und der Weltsystemanalyse (vgl. Boatcă 2003) passte bestenfalls schlecht in die damalige deutsche Soziologie. Sie war meine erste Veröffentlichung in Deutschland, erschienen im selben Jahr, wie der oben erwähnte Band »Spricht die Subalterne deutsch?«. Ich hatte sie aber auf Englisch verfasst, damit sie sowohl in Rumänien, dessen Realitäten sie behandelte, als auch in den USA und Lateinamerika, deren Theorieproduktion sie aufgriff, gelesen werden konnte. In englischer Sprache von einem deutschen Verlag veröffentlicht und mit historischen Debatten in einem osteuropäischen Land befasst, war die Arbeit hierzulande nur für eine Handvoll Spezialist*innen interessant, die zumeist aus anderen Disziplinen – Geschichtswissenschaft, Regionalstudien, Internationale Beziehungen – kamen. Aus Sicht der (wenigen) Osteuropa-Institute in Westeuropa war sie zu wenig repräsentativ für die Region, weil sie sich auf Rumänien konzentrierte, ein Land, das sprachlich vom slawischen Block abwich, sich während des staatssozialistischen Regimes politisch von Moskau distanziert hatte und auch in religiöser Hinsicht kein regionales Modell durchgesetzt hatte. Und ich, die ich sorgfältig in westlichen Sprachen erzogen worden war, sprach kein Russisch. Ich wurde zwar damals von einem auf Kultursoziologie spezialisierten deutschen Professor gefragt, ob Rumänisch keine slawische Sprache sei – weil ein Aufsatz von mir über osteuropäische und lateinamerikanische Theorien der Moderne sehr viele Sonderzeichen enthielt und die Druckfahne deshalb zahlreiche Korrekturen benötigte. Dieser asymmetrischen Ignoranz zum Trotz sprach ich leider gar keine slawischen Sprachen.

Dafür sprach ich Spanisch. Die Spanischkenntnisse, die ich während meines Studiums in Bukarest erworben hatte, erleichterten mir den Zugang zu den Dependenztheorien und der dekolonialen Perspektive, die beide hauptsächlich von lateinamerikanischen Autor*innen entwickelt und nur unzureichend ins Englische oder Deutsche übersetzt worden waren. Sie wurden so zu einer notwendigen Forschungskompetenz. Eine Konferenz in Brasilien im Jahr 2005, auf der ich naiv gehofft hatte, noch etwas von dem zu finden, was an den Geist der Dependenztheorien der 1960er und 1970er Jahre erinnerte, öffnete mir die Augen für den allgegenwärtigen Eurozentrismus, der lange Zeit das soziologische Wissen in der Region beherrscht hatte und jede Spur von Kontinuität mit der Tradition der Dependenztheorien zu verwischen drohte. Sie ebnete auch den Weg für meinen Forschungs- und Lehraufenthalt in Rio de Janeiro in den Jahren 2007 und 2008, während dessen ich gemeinsam mit brasilianischen Kolleg*innen eine Tagung veranstaltete, die einen Dialog mit Vertreter*innen der dekolonialen Perspektive aus Lateinamerika und dessen U.S.-amerikanischen Diaspora in Gang setzen sollte. Und so wurde ich, anstatt den Weg der »Osteuropa«-Studien einzuschlagen, mehr oder weniger bewusst zur »Lateinamerikanistin«.

Damit war aber gleichzeitig meine soziologische Autor*innenschaft ins Wanken geraten. Sind Regionalwissenschaftler*innen noch »vom Fach«? Von 2010 bis 2015 war ich am Institut für Lateinamerika-Studien der Freien Universität Berlin tätig – zunächst als wissenschaftliche Mitarbeiterin, dann als Research Fellow in einem Forschungsprojekt, und schließlich als befristet beschäftigte Professorin für die Soziologie globaler Ungleichheiten. Auf die Denomination der Professur musste ich eine Weile bestehen, weil sie ursprünglich gar kein Fach, sondern nur den Schwerpunkt auf Lateinamerika vorsah, und ich die Chance schwinden sah, mich langfristig als Soziologin mit anderen geographischen Räumen und ihren globalen Verflechtungen zu beschäftigen. Meine zweite Monografie, ursprünglich als Habilitationsschrift geplant, widmete sich deshalb gar keiner Region –

um meine soziologische Autor*innenschaft in den Augen potentieller Arbeitgeber*innen nicht noch weiter zu provinzialisieren –, sondern der Soziologie globaler Ungleichheiten ausgehend von einer post- und dekolonialen Kritik kanonischer Soziologen (vgl. Boatcă 2015). Und angesichts der Unsicherheit, mit globalen und relationalen Perspektiven eine berufliche Zukunft in Deutschland zu haben, hatte ich sie wieder auf Englisch verfasst. Dass meine Publikationen auf Spanisch oder Portugiesisch beruflich weder etwas »zählen« noch als international gelten würden, wusste ich bereits. Eine Stelle ohne räumliche Festlegung auf eine bestimmte Region, sei es durch Geburt oder Wahl, hatte ich formell erst 2015 mit der Berufung auf meine jetzige Professur für Soziologie, verbunden mit der Leitung des Global Studies Programms an der Universität Freiburg inne. Globale Verflechtungen wurden endlich zum offiziellen und damit legitimen Schwerpunkt meiner Lehre und Forschung. Eine Sammlung meiner englischsprachigen Aufsätze zu Lateinamerika und Osteuropa in Korrelation veröffentlichte ich dennoch bisher nur auf Rumänisch, da ich das Interesse für eine relationale Perspektive auf zwei nicht-westliche Regionen in Deutschland als verschwindend gering einschätzte (vgl. Boatcă 2020). Dafür erlaubte mir die berufliche Sicherheit, soziologische Autor*innenschaft wieder als Migration zwischen und Verbindung von Räumen und Disziplinen zu definieren. Meine neue Monografie mit Anca Parvulescu, die wie ich aus Rumänien stammt, aber in den USA Professorin für Anglistik und vergleichende Literaturwissenschaft ist, nimmt sich aus soziologischer und literaturwissenschaftlicher Perspektive der historischen Region Siebenbürgen an, um der Frage nach der Modernität ländlicher, nicht national organisierter Räume in einem kolonialen Weltsystem nachzugehen, das im Osten Europas lange Zeit noch interimperial geprägt war. Wir verstanden das Buch – und uns selbst als seine Autorinnen – als Symptome der Globalisierung von Wissenschaft, die sich kleinen, peripheren Orten und Literaturen widmet. Unsere eigenen Positionen innerhalb der Institutionen, die Wissensproduktion vermitteln, haben es uns manchmal einfacher gemacht, einen siebenbürgischen Text aus dem 19. Jahrhundert durch das Fernleihsystem einer US-Bibliothek zu finden, als vor Ort Zugang dazu zu erhalten. Auch die Forschungsförderung, die wir dafür in Anspruch nahmen, ist für Wissenschaftler*innen, die in den USA und Deutschland ihren Lebensmittelpunkt haben, leichter zugänglich als für diejenigen in Rumänien oder Ungarn. Das Buch haben wir zwar auch auf Englisch verfasst, doch ist es nun auch ins Rumänische und Deutsche übersetzt worden (vgl.

Parvulescu, Boatcă 2022, 2024; Boatcă, Parvulescu 2024). Dem Antrag auf Übersetzungsgelder für die deutsche Version mussten wir aber eine Erklärung darüber beifügen, warum eine Publikation in englischer Sprache unbedingt ins Deutsche übersetzt werden soll, da Englisch heute die gängige Fachsprache sei.

So war meine soziologische Praxis durchdrungen von einer langen Suche nach einer migrantischen Identität, einer theoretischen Zugehörigkeit, einer eigenen politischen Position und einer intellektuellen »Heimat«, in die ich mehrere Regionen, Epochen und Welten einordnen könnte. Und dabei hatte sie eigene blinde Flecken: Mein Ausgangspunkt für eine Kritik des konventionellen Verständnisses von Europa, die semiperiphere osteuropäische Perspektive, diente eine Zeitlang auch dazu, andere mögliche Ausgangspunkte zu verdecken, und produzierte somit seine eigenen Auslassungen: Während ich auf die Vielfalt ungleicher Europas vom östlichen Teil des Kontinents aus hinwies, ließ auch ich die verbleibenden kolonialen Besitztümer europäischer Staaten – von Guadeloupe, Martinique und Curaçao in der Karibik bis Mayotte im Indischen Ozean – unerwähnt und war somit mitschuldig an ihrer Invisibilisierung im Europa-Diskurs. Erst durch die Analyse der Relationalität der Produktion sowohl des semiperipheren, epigonalen Osteuropas als auch des peripheren, vergessenen Europas als minderwertiges Anderes ergab sich ein stimmiges Ganzes (vgl. Boatcă 2018). Diesen langen Weg zur eigenen Autor*innenschaft in einem Fach auf prekären Stellen navigieren zu müssen, wie es im deutschen Wissenschaftssystem immer noch üblich ist, macht jedoch die Findung der eigenen Stimme und die selbstbestimmte Definition der Autor*innenschaft in Zeiten asymmetrischer Ignoranz besonders schwierig. Ob Findung und Selbstdefinition letztendlich gelingen, sollte deshalb nicht vom beruflichen Stand (im Weberschen Sinne) abhängen. Die noch anstehende Internationalisierung der (Sozial)-Wissenschaften hierzulande, zu der die hier skizzierte relationale Perspektive auf (semi)periphere Räume gehört, muss auch mit der längst überfälligen Einführung internationaler Standards wissenschaftlicher Karriereplanung einhergehen.

Literatur

Boatcă, Manuela 2003: From Neoevolutionism to World-Systems Analysis. Opladen: Leske und Budrich.

Boatcă, Manuela 2014: Inequalities Unbound. Transregional Entanglements and the Creolization of Europe. In Sabine Broeck / Carsten Junker (eds.), Postcoloniality Decoloniality-Black Critique: Joints and Fissures. Frankfurt am Main, New York: Campus, 211–230.

Boatcă, Manuela 2015: Global Inequalities beyond Occidentalism. Farnham, Surrey: Ashgate.

Boatcă, Manuela 2019: Forgotten Europes: Rethinking regional entanglements from the Caribbean. In Heriberto Cairo / Breno Bringel (eds.), Critical Geopolitics and Regional (Re)Configurations. Abingdon: Routledge, 96–116.

Boatcă, Manuela 2020: Laboratoare ale modernității. Europa de Est și America Latină în (co)relație, Cluj: IDEA.

Boatcă, Manuela / Parvulescu, Anca 2024: Die Kreolisierung der Moderne: Siebenbürgen zwischen Kolonialität und Interimperialität, Bielefeld: transcript Verlag.

Boatcă, Manuela / Costa, Sérgio 2010: Postkoloniale Soziologie: ein Programm. In Julia Reuter / Paula-Irene Villa (Hg.), Postkoloniale Soziologie. Empirische Befunde, theoretische Anschlüsse, politische Intervention. Bielefeld: transcript Verlag, 69-90.

Büttner, Sebastian M. / Schlichte, Klaus / Martsenyuk, Tamara / Moser, Evelyn / Worschech, Susann 2023: Symposion: Soziologische Perspektiven zu Osteuropa, Teil 2. SOZIOLOGIE, 52. Jg., Heft 4, 403–461.

Caillé, Alain 2007: Introduction to Symposium, European Journal of Social Theory, vol. 10, no. 2, 179–183.

Chakrabarty, Dipesh 2000: Provincializing Europe: Postcolonial Thought and Historical Difference. Princeton, NJ: Princeton University Press.

Connell, Raewyn 2007: Southern Theory: The Global Dynamics of Knowledge in Social Science. Cambridge: Polity Press.

Gutiérrez Rodríguez, Encarnación / Steyerl, Hito (Hg.) 2003: Spricht die Subalterne deutsch? Münster: Unrast Verlag.

Keim, Wiebke / Çelik, Ercüment / Ersche, Christian / Wöhrer, Veronika (eds.) 2014: Global Knowledge Production in the Social Sciences: Made in Circulation. Farnham: Ashgate.

Kreckel, Reinhard 2006: Soziologie der sozialen Ungleichheit im globalen Kontext. Der Hallesche Graureiher: Forschungsberichte des Instituts für Soziologie, 2006-4, Universität Halle-Wittenberg. https://nbn-resolving.org/urn:nbn:de: 0168-ssoar-408267.

Langenohl, Andreas 2023: Die Gegenwart des östlichen Europa, SOZIOLOGIE, 52. Jg., Heft 3, 320–329.

Marx, Karl / Engels, Friedrich 1977 [1848]: Manifest der Kommunistischen Partei. Marx-Engels-Werke Band 4, Berlin: Dietz Verlag, 459–493.

Oettler, Anika / Ruvituso, Clara / Santos, Fabio 2024: Dekolonisierung als Dekanonisierung? Zur Ortsbestimmung Lateinamerikas und der Karibik in der soziologischen Wissensproduktion und -rezeption. SOZIOLOGIE, 53. Jg., Heft 3, 305–319.

Parvulescu, Anca / Boatcă, Manuela 2022: Creolizing the Modern. Transylvania Across Empires. Ithaca, London: Cornell University Press.

Parvulescu, Anca / Boatcă, Manuela 2024: Creolizarea modernului. Transilvania la răscrucea imperiilor. Editura ULBS.

Patel, Sujata 2006: Beyond Binaries: A Case for Self-Reflexive Sociologies. Current Sociology, vol. 54, no. 3, 381–395.

Randeria, Shalini 1999: Geteilte Geschichte und verwobene Moderne. In Jörn Rüsen (Hg.), Zukunftsentwürfe: Ideen für eine Kultur der Veränderung. Frankfurt am Main: Campus, 87–96.

Said, Edward 1978: Orientalism. New York: Vintage.

Schlichte, Klaus 2023: Indien gibt es nicht. Die Vernachlässigung Osteuropas steht für ein größeres Problem der deutschen Sozialwissenschaften, SOZIOLOGIE, 52. Jg., Heft 4, 415–424.

Spivak, Gayatri Chakravorty 1988: Can the Subaltern speak? In Cary Nelson / Lawrence Grossberg (eds.), Marxism and the Interpretation of Culture. University of Illinois Press: Urbana, 271–313.

Spivak, Gayatri Chakravorty 1999: A Critique of Postcolonial Reason: Toward a History of the Vanishing Present. Cambridge, MA: Harvard University Press.

Therborn, Göran 1995: European Modernity and Beyond. The Trajectory of European Societies, 1945–2000. London: Sage.

Todorova, Maria 2003: Historische Vermächtnisse als Analysekategorie. In Karl Kaser / Dagmar Gramshammer-Hohl / Robert Tichler (Hg.), Der Fall Südosteuropa. Europa und die Grenzen im Kopf. Klagenfurt: Wieser, 221–46.

Touraine, Alain 2007: Sociology after Sociology. European Journal of Social Theory, vol. 10, no. 2, 184–193.

Trouillot, Michel-Rolph 2003: Global Transformations: Anthropology and the Modern World. Basingstoke: Palgrave Macmillan.

Wallerstein, Immanuel et al. 1996: Open the Social Sciences: Report of the Gulbenkian Commission on the Restructuring of the Social Sciences. Stanford, CA: Stanford University Press.

Worschech, Susann / Korablyova, Valeria / Langenohl, Andreas 2023: Symposion: Soziologische Perspektiven zu Osteuropa, Teil 1. SOZIOLOGIE, 52. Jg., Heft 3, 302–329.

Zapf, Wolfgang 1996: Modernisierungstheorien in der Transformationsforschung. In Klaus von Beyme / Claus Offe (Hg.), Politische Theorien in der Ära der Transformation. Politische Vierteljahresschrift, Sonderheft 26, 169–181.

Im Text

Dirk Baecker

Kein Text kann davon absehen, dass er geschrieben werden muss. In der Wissenschaft hat man sich angewöhnt, vom Text ebenso abzusehen wie vom Autor, so als spräche die Sache von sich selbst. Allenfalls Eigenheiten der Sprache fallen auf und werden ab und an unter die Lupe genommen (Neidhardt 2015). Doch wenn schon der aristotelische Logos von der Unterstellung lebt, man könne in der Form einer Aussage etwas von der Substanz einer Sache aufgrund ihrer selbst aussagen (Weiner 2016), muss man sich die Textstruktur dieser Aussagen genauer anschauen. Dann ist nicht zu übersehen, dass Texte und Autoren zwar nichts anderes tun, als Unterscheidungen zu treffen, jedoch bestimmte Unterscheidungen strategisch eben *nicht* treffen. Man will nicht wissen, wie sich der Text zum Kontext und der Autor zu seiner Wirklichkeit verhalten. Stattdessen hält man diese Unterscheidungen in Reserve. Sie liegen bereit, um von einer Aussage auf einen Text und seinen Autor immer dann zu schließen, wenn einem die Aussage nicht passt. Damit geraten der Text und sein Autor in den blinden Fleck. Die Denunziation hilft nicht, um das komplizierte Verhältnis von Text, Autor und Wirklichkeit zu entziffern.

Wenn die Devise »il n'y a pas de hors-texte« nach wie vor Gültigkeit hat, die davor warnt, zu schnell vom Text auf seine Referenz zu schließen (Derrida 1967: 227), muss es statt der ›objektivierenden‹ Ausblendung des Textes und seines Autors und statt der ›subjektivierenden‹ Wiedereinblendung zugunsten ihrer Denunziation darum gehen, den Text und seinen Autor als Teil jener Wirklichkeit zu begreifen, die sie beschreiben. Es darf, mit anderen Worten, keine Hierarchie geben zwischen jenen Unterscheidungen, erstens, die der Text bezüglich seiner Sachverhalte trifft, jenen Unterscheidungen, zweitens, mit denen der Autor sich inszeniert oder auch seine Absichten dissimuliert, und jenen Unterscheidungen, drittens, die den Text und seinen Autor als solche im Feld der Wirklichkeit markieren. Jede dieser Unterscheidungen ist Teil eines Gewebes, in dem und mit dem sich Wirklichkeit produziert und reproduziert.

Werden damit alle Katzen grau? Ich habe im Gegenteil den Eindruck, dass mit dieser Flächigkeit ein Ausgangspunkt gefunden wird, um jene »post-artifiziellen« Texte zu würdigen, von denen Hannes Bajohr (2023) spricht, weil sie diejenigen Texte sind, die unserem ›digitalen‹ Zeitalter entsprechen. Artifizielle Texte sind Texte, die ihren Gegenstand markieren und sich selbst und ihren Autor unmarkiert lassen. Sie sind, mit einer paradoxen Wendung des Begriffs, ›artifiziell‹, weil sie ihre wichtigste Eigenschaft, *gemacht* zu sein, verbergen. Postartifizielle Texte hingegen haben dies nicht nötig. Sie lassen ihre Markierungen wandern, vom Text über den Paratext zum Kontext und wieder zurück zu einem Autor, wenn sie noch einen haben. Sie asymmetrisieren nicht zugunsten eines Gegenstands, von dem sie feiern, dass und wie sie ihn zu fassen bekommen haben, sei es literarisch oder wissenschaftlich. Sondern sie symmetrisieren ihr Verhältnis zur Wirklichkeit, indem sie sich selbst als eine Wirklichkeit disponieren, der man sich so oder anders nähern kann.

Postartifizielle Texte sind tendenziell unmarkiert und deswegen tendenziell autorlos. Sie können auf einen Autor verzichten, der in artifiziellen Texten nichts anderes zu tun hat, als sein eigenes Verschwinden zu inszenieren. »Nicht nur Straßenschilder, sondern auch Blogeinträge, nicht nur Wettermeldungen, sondern auch Informationsbroschüren, die Diskussion von Netflix-Serien und sogar ganze Zeitungsartikel wären in Zukunft tendenziell unmarkiert, autorlos«, schreibt Bajohr (2023: 52) und empfiehlt den Begriff des »boutique writing« für Texte, die nicht darauf verzichten wollen, handgemacht (à la Manufactum) zu sein (ebd.: 54), das heißt eine Signatur nicht nur zu haben, sondern für sie zu stehen.

Eine Reflexion dieser Art verdankt sich der Frage, was aus Texten wird, wenn sie von einer synthetischen Intelligenz in einer Qualität produziert werden können, die von Texten, die von Autoren verantwortet werden, kaum noch unterschieden werden kann. Sie verdankt sich aber auch der Beobachtung, dass unsere Wirklichkeit auch ohne das Zutun einer synthetischen Intelligenz mit Texten durchwirkt ist, deren Quelle und Autor keine Rolle spielen und deren Objektivität keine Frage ist, weil es in der Regel unnötig ist, ihnen im Zweifel Subjektivität zu unterstellen.[1] Nichtbeachtung genügt.

Versteht man soziologische Texte in diesem Sinne als Gebrauchstexte und ihre Autoren als Dienstleister, als Wissensarbeiter (Drucker 1957: 67)[2] eben als Texter, kann man die Frage aufwerfen, worin sich spezifisch soziologische Texte von anderen unterscheiden. Was können – oder besser: machen – soziologische Texter besser – oder: anders – als andere Texter?

Zunächst einmal soll mit dieser Perspektive nicht geleugnet, sondern unterstrichen werden, dass soziologische Texte Gebrauchstexte im Rahmen einer wissenschaftlichen Disziplin sind. Das heißt, sie sind einer bestimmten

1 Ausnahmen bestätigen die Regel, siehe Höge (o.J. und 2018).

2 Vgl. Reich (1991: 177 ff.) über ›symbolic analysts‹.

Rhetorik unterworfen, die verlangt, dass ihre Argumentation nicht der Logik der Entdeckung, sondern der Logik der Darstellung einer Problemstellung folgt. Am Anfang eines soziologischen Textes steht nicht die vielleicht eher zufällige Entdeckung, die jemand gemacht hat, oder die Einsicht, von der jemand überfallen worden ist, sondern eine Problemstellung, die auf einen Forschungsstand reagiert, eine offene Frage festhält, eine Methode entwirft, sich für einen theoretischen Ansatz entscheidet, das verfügbare Material sichtet beziehungsweise generiert und mit einer offenen Diskussion schließt (Knorr-Cetina 1984: 175 ff., 210 ff.).

Ebenso wenig soll geleugnet werden, dass soziologische Texte Gebrauchstexte im Rahmen der Planung einer universitären Karriere sind. Die Soziologie ist eine Wissenschaft, die primär an Universitäten gelernt und gelehrt wird; man wird nur zu einer Soziologin, wenn man Texte produziert, die von Kollegen, Gutachtern, Kommissionen und Studierenden als soziologische Texte wiedererkannt werden (Stark 2024; vgl. Becker 1988). Umgekehrt weiß man fast nichts über Texte, die von Soziologinnen geschrieben werden, die außerhalb der Universität eine berufliche Anstellung gefunden haben und dort soziologische Expertise bereitstellen, die keinen Eingang in die Fachliteratur findet. Obwohl soziologische Texte sich auf eine Wirklichkeit beziehen, interessiert sich fast niemand dafür, was sie dort tatsächlich anrichten, sobald sie beruflich zum Einsatz kommen. Auf das Defizit akademischer Disziplinen, die zwar auf die Komplexität des Berufslebens und der Themen vorbereiten, die dort zu bearbeiten sind, entsprechende Erfahrungen im Umgang mit dieser Komplexität jedoch nur selten wieder in die Universität zurückholen, hat Herbert A. Simon bereits in den 1960er Jahren hingewiesen (Simon 1996).

Soziologische Texte sind jedoch drittens Gebrauchstexte im Rahmen einer Gesellschaft, die solche Texte zulässt, nahelegt, zuweilen auch zur Kenntnis nimmt und somit ein Gefühl dafür hat, wie sich soziologische Texte von anderen Texten unterscheiden. Die ›Verwissenschaftlichung‹ der Gesellschaft ist seit dem 19. Jahrhundert, seit Henri Saint-Simon und Auguste Comte, nicht nur ein Thema der Soziologie, sondern auch ohne die Beiträge der Soziologie zu den ›sozialen Fragen‹ der Ungleichheit, Armut, Industrialisierung, Urbanisierung und Globalisierung nicht vorstellbar. Aber inwiefern braucht es für diese Fragen soziologische Texte? Warum genügen nicht ökonomische, psychologische und neuerdings geographische und klimatologische Erkenntnisse zu diesen Themen? Erschöpft sich der Gebrauchswert soziologischer Texte, der Blick ihrer Texter, darin, die Perspektive der

Benachteiligten einzunehmen, der Ausbeutung die Ausgebeuteten gegenüberzustellen, institutionelle Blindheiten auszuleuchten, auf übersehene gesellschaftliche Zusammenhänge hinzuweisen und den Selbstlauf von Macht und Herrschaft zu kritisieren? Leistungen dieser Art sind nicht geringzuschätzen, im Gegenteil, aber braucht es dafür einen spezifisch soziologischen Text? Genügen nicht der gesunde Menschenverstand und die alltägliche Bereitschaft zum Widerstand, unterstützt von einer Philosophie der Aufklärung und den passenden Organisationen und sozialen Bewegungen, um Kritik in der Gesellschaft zu verankern? Generieren die Konflikte einer Gesellschaft nicht ihre eigene Art einer inhärenten Soziologie der Gesellschaft (Baecker 2016)?

Soziologische Gebrauchstexte sind nicht schon dann als ›soziologisch‹ ausgewiesen, wenn sie Missstände aufdecken und anprangern, möglicherweise zusätzlich dadurch geadelt, dass sie weder psychologische noch ökonomische, weder politische noch religiöse, weder pädagogische noch ästhetische Abhilfe kennen und nennen. Soziologische Texte sind nicht schon dann soziologisch, wenn sie sich an einen ungenannten Adressaten wenden, der die Klage hört und von dem die Initiative zu einer unerfindlichen Wendung zum Besseren erwartet wird – und auf Nachfrage nicht mehr ›Gott‹, sondern ›die Gesellschaft‹ nennen.

Soziologische Texte verzichten auf Theologumena. Sie sind dann postartifiziell, wenn sie die Konflikte, die in der Gesellschaft zu beobachten sind, im Text reinszenieren, und zwar als Konflikte, die in der Gesellschaft bereits als Beitrag zur Lösung zu verstehen sind, weil sie Probleme adressieren, die nicht hinzunehmen, aber auch nicht einfach aus der Welt zu schaffen sind. Das ist der Beitrag des soziologischen Texters. Er schafft Leerstellen, in die andere Wissensarbeiterinnen mit ihren Beobachtungen und Ideen vorstoßen können. Er öffnet das Feld für Ökonomie und Psychologie, Politik und Religion, Erziehung und Kunst, ohne selbst all dies zu können. Es ist ein bescheidener, aber unverzichtbarer Beitrag. Man übersieht ihn leicht. Aber man sollte ihn nicht unterschätzen.

Wie macht das der soziologische Text? Er verlässt sich auf die sicherste Erkenntnis, die die soziologische Empirie zu bieten hat: Zu jeder Meinung, jedem Sinn, gibt es eine Gegenmeinung, einen abweichenden Sinn. Sagen die einen Ja, sagen die anderen schon deswegen Nein. Ob in der Sache begründet oder um nicht verwechselt zu werden: Man weicht ab. Soziologische Texte erkennt man daran, dass sie auf diese empirische Einsicht mit einem Minimum an soziologischer Theorie reagieren: Es ist die Abweichung, die den Zusammenhang garantiert. Auch das Nein ist ein Beziehungsangebot. Denn am Anfang, vor jeder Handlung, stehen die Beziehung, der Kontakt. Der soziologische Gegenstand ist dadurch bestimmt, dass jeder Kontakt einen Konflikt sowohl nahelegt als auch auflöst. Man wird zum Sozialphilosophen, wenn man diesen Befund von der Auflösung des Konflikts her denkt; man bleibt Soziologin, wenn auch in der Auflösung der überdauernde Konflikt gesehen wird.

Im soziologischen Text findet man zu jeder Ego-Perspektive eine Alter-Ego-Perspektive, zu jeder Markierung den Hinweis auf das Nicht-Markierte (Waugh 1982; Brekhus 2024), zu jeder Ausdifferenzierung die passende Einbettung, zu jeder Imitation die zugehörige Rivalität, zu jeder Identität die durch sie bewältigte Differenz.

Selbstverständlich hat die Soziologie die sachlichen Erkenntnisse, die diesen Theoremen zugrunde liegen, nicht allein entwickelt. Sie stammen aus der systemischen Therapie, aus der Linguistik, aus der Religionsphilosophie und aus anderen Quellen. Soziologisch originär ist vermutlich nur das Theorem der Ausdifferenzierung, das schon bei Auguste Comte unter dem Titel eines ›consensus‹ zwischen statischer Gleichzeitigkeit in der Gegenwart einer Gesellschaft und dynamischer Entwicklung im Zeitablauf verhandelt worden ist, um jedes soziale Phänomen in seiner ›complication‹, das heißt in seiner Verwicklung in die Unterscheidung von anderen Phänomenen einerseits und die Aufrechterhaltung eines Kontakts zu diesen Phänomenen andererseits ›positiv‹, das heißt ohne vorschnelle Verallgemeinerungen, beobachten zu können (Comte 1995: 99). Komplikation ist hier im doppelten Sinne des Wortes zu verstehen: als Kompliziertheit und, wie etwa in der Medizin, als unerwartete/unerwünschte Entwicklung eines Zustands. Offen ist allerdings die Frage, ob die Soziologie die Komplikation entdeckte oder umgekehrt die Komplikation die Soziologie auf den Plan rief.

Soziologische Texte sind Texte, die Komplikationen als Beitrag zur Konstitution ihres Gegenstands beschreiben und verhandeln. Das macht keine andere Disziplin, auch wenn man in der Sache wiederum einiges von der Psychologie und insbesondere Psychoanalyse und ihren Einblicken in die Spannungen des Seelenlebens (Stichwort: Reizabfuhr) und von der Ökonomie und ihrer Beschreibung der Rolle des Wettbewerbs (nicht nur mit anderen, sondern auch von anderen) gelernt hat. Nicht zu vergessen ist auch das literarische und dramaturgische Wissen um die Rolle von Konflikten insbesondere dann, wenn die entsprechenden Texte ›komödiantisch‹ werden, das heißt, die erhabenen Gefilde der Götter verlassen und sich dem Alltag der Menschen widmen (Auerbach 2015).

Im Rahmen einer allgemeinen Promptologie (Bajohr 2022) kann man sich überlegen, Prompts zu schreiben, die die großen Sprachmodelle der synthetischen Intelligenz auffordern, in ihren Antworten auf Sachfragen aller Art den Umstand zu berücksichtigen, dass jede Aussage eine Komplikation indiziert, sei es, dass sie sie verdeckt, provoziert oder versöhnt, diese Komplikation jedoch entscheidend dafür ist, dass der jeweilige Sachverhalt sich reproduziert:

<Nenne zu jeder Aussage mindestens zwei Akteure, deren Beobachtungen voneinander abweichen und deren Differenz das Phänomen konstituiert, von dem die Aussage handelt.>

Oder kürzer: $X = X (A, \neg A)$, für jeden Gegenstand X und jede Aussage A. Für jeden Gegenstand X gilt, dass er eine Funktion seiner selbst in Abhängigkeit von einer Aussage A und ihres Gegenteils $\neg A$ ist. – Für die Freunde des nicht umsonst so genannten *dia-*, aber eben auch *lektischen* Denkens sei hinzugefügt, dass die Negation $\neg A$ hier nicht als antinomische, sondern als reflexive Negation zu verstehen ist, die dem A widerspricht, um auf dessen unbestimmten, aber bestimmbaren Kontext hinzuweisen (Luhmann 1975). Im Übrigen genügt es, darauf zu achten, dass Texte ›Texte‹ sind. Subjekt und Objekt, Verb und Adverb, Nomen und Omen müssen sich voneinander unterscheiden, um ihren beweglichen Sinn zu entfalten, ganz zu schweigen von These und Parenthese, Deklination und Konjugation, Tempus und Kasus (Weinrich 2007, auch ein Lehrbuch der Soziologie). Verblüffend ist angesichts dieser inneren semantischen und syntaktischen Unruhe nur, dass jeder Satz mit einem Punkt endet und jeder Text neben seinem Anfang auch ein Ende hat. Vielleicht ist dies jedoch ihr letztes artifizielles Moment. Postartifiziell sind Sätze mit Sätzen und Texte mit Texten verwoben. Gegen jede Wahrscheinlichkeit müssen sich Texter darin auskennen.

Das logische Ich (Baecker 2022), das der Text schon deswegen setzt, weil er geschrieben werden muss, solange er nicht statistisch errechnet werden kann (und selbst dann braucht er ein Prompt), trifft hier auf ein empirisches Ich, das mit einer minimalen Sensibilität für Komplikation nicht nur im Sachverhalt, sondern auch im Sozialverhalt des Sachverhalts ausgestattet sein muss. Erst dann wird es ein soziologischer Text.

Literatur

Auerbach, Erich 2015: Mimesis: Dargestellte Wirklichkeit in der abendländischen Literatur, 11. Aufl., Tübingen: A. Francke.

Baecker, Dirk 2016: Wahr ist nur, dass alles falsch ist: Zur Kritik in der nächsten Gesellschaft. In Kolja Möller / Jasmin Siri (Hg.), Systemtheorie und Gesellschaftskritik: Perspektiven der Kritischen Systemtheorie Bielefeld: transcript, 223–241.

Baecker, Dirk 2022: Das logische Ich in den Mühlen des Plagiats. SOZIOLOGIE, 51. Jg., Heft 4, 429–437.

Bajohr, Hannes 2022: Dumme Bedeutung: Künstliche Intelligenz und artifizielle Semantik. Merkur, 76. Jg., Heft 882, 69–79.

Bajohr, Hannes 2023: Artifizielle und postartifizielle Texte: Über die Auswirkungen Künstlicher Intelligenz auf die Erwartungen an literarisches und nichtliterarisches Schreiben. Sprache im technischen Zeitalter, 61. Jg., Heft 245, 37–61.

Becker, Howard S. 1988: Tricks of the Trade: How to Think About Your Research While You're Doing It. Chicago: Chicago University Press.

Brekhus, Wayne H. 2024: Marked and Unmarked: A Semiotic Distinction for Concept-driven Interpretive Sociology In Andrea Cossu / Jorge Fontdevila (eds.), Interpretive Sociology and the Semiotic Imagination. Bristol: Bristol University Press, 31–51.

Comte, Auguste 1995 [1830–1842]: Leçons sur la sociologie: Cours de philosophie positive, Leçons 47 à 51, présentation par Juliette Grange. Paris: Flammarion.

Derrida, Jacques 1967: De la grammatologie. Paris: Minuit.

Drucker, Peter F. 1957: Landmarks of Tomorrow: A Report on the New ›Post-Modern‹ World. New York: Harper.

Höge, Helmut 2018: Pollerforschung. Hamburg: adocs.

Höge, Helmut o.J.: Blog über »Hausmeisterkunst«. https://blogs.taz.de/hausmeisterblog/, letzter Aufruf am 4. August 2024.

Knorr-Cetina, Karin 1984: Die Fabrikation von Erkenntnis: Zur Anthropologie der Naturwissenschaft. Frankfurt am Main: Suhrkamp.

Luhmann, Niklas 1975: Über die Funktion der Negation in sinnkonstituierenden Systemen. In Harald Weinrich (Hg.), Positionen der Negativität. Poetik und Hermeneutik, Bd. VI. München: Fink, 201–218.

Neidhardt, Friedhelm 2015: Sätze, Wörter, Zeichen: Soziologentexte im Vergleich,. Leviathan, 43. Jg., Heft 4, 616–641.

Reich, Robert 1991: The Work of Nations: Preparing Ourselves for 21st Century Capitalism. New York: Alfred A. Knopf.

Simon, Herbert A. 1996 [1969]: The Science of Design – Creating the Artificial. In Herbert A. Simon, The Sciences of the Artificial, 3. Edition. Cambridge, MA: MIT Press, 111–138.

Stark, David (ed.) 2024: Practicing Sociology: Tacit Knowledge for the Social Scientific Craft. New York: Columbia University Press.

Waugh, Linda R. 1982: Marked and Unmarked: A Choice between Unequals in Semiotic Structure. Semiotica, vol. 38, no. 3/4, 299–318.

Weiner, Sebastian Florian 2016: Aristoteles' Bestimmung der Substanz als *logos*. Hamburg: Meiner.

Weinrich, Harald 2007: Textgrammatik der deutschen Sprache. 4., rev. Auflage, Hildesheim: Olms.

Soziologie, 53. Jg., Heft 4, 2024, S. 425–445

Early Career Researchers als Wissenschaftskapitalisten

Bausteine eines Ratgebers zur Karriereplanung in der Soziologie

Muriel Wagner, Pascal Klassert und Gerhard Wagner

Einleitung

Als *Early Career Researchers* (ECRs) bezeichnet man Nachwuchskräfte in der Wissenschaft. Viele von ihnen streben eine Professur an einer Universität oder eine leitende Position in einem Forschungsinstitut an. Da diese Stellen knapp sind, stehen sie unter hohem Konkurrenzdruck. Für ECRs stellt sich die Frage, welche Strategie *best practice* ist, um eine solche Stelle zu ergattern. Mit dem folgenden Papier möchten wir einen Beitrag zur Beantwortung dieser Frage leisten. Dabei konzentrieren wir uns der Etikettierung ECRs entsprechend auf den Aspekt der Forschung sowie unserer Profession und institutionellen Verankerung entsprechend auf die Soziologie.

Unser Beitrag umfasst zwei Aspekte. In einem ersten Schritt schlagen wir zur allgemeinen Orientierung ein einheitliches theoretisches Bezugssystem vor, das wir im Anschluss an Pierre Bourdieus Kapitaltheorie entwickelt haben. Mit dieser Kapitaltheorie 2.0 können alle durch Arbeit beeinflussbaren Determinanten wissenschaftlicher Karrieren in einen transparenten systematischen Zusammenhang gebracht werden. Dementsprechend begreifen wir ECRs als »Wissenschaftskapitalisten« (Bourdieu 1998: 23). Diejenigen, die das meiste zielführende Kapital akkumulieren, haben die besten Chancen, eine Stelle zu erhalten.

Welches Kapital zielführend ist, kann unter Berücksichtigung sich wandelnder »Spielregeln« (vgl. zum Beispiel Bloch et al. 2023; Sembritzki, Jungbauer-Gans 2023) daraus ermittelt werden, was in der Vergangenheit zielführend war, denn »jede vernünftige Erwartung stützt sich auf die Ähnlichkeit der Umstände und auf [die] Neigung zu erwarten, ähnliche Umstände hätten ähnliche Wirkungen« (Quine 1975: 160). Daher werden wir in einem zweiten Schritt auf der Folie unserer Theorie einige für die Soziologie relevante Studien der empirischen Wissenschaftsforschung sichten, um Aufschluss darüber zu bekommen, welches spezifische Kapital sich als karrierefördernd erwiesen hat.[1] Abschließend werden wir einige Empfehlungen formulieren, die ECRs zur Planung ihrer Karrieren dienen können.

Kapitaltheorie 2.0

Bourdieus Kapitaltheorie kommt in der empirischen Wissenschaftsforschung häufig zum Einsatz. Dabei wartet allerdings jede Studie mit ihrem eigenen »Bourdieu« auf. Tatsächlich hat Bourdieu weder die Strukturlogik seiner Theorie hinreichend expliziert noch hat er ihr Potenzial ausgeschöpft. Um dem abzuhelfen, haben wir eine elaborierte Version seiner Theorie formuliert (Wagner, Klassert, Wagner 2023). Diese Kapitaltheorie 2.0 unterscheidet sich durch die Transparenz ihrer Systematik und ihre begriffliche Sparsamkeit von alternativen Vorschlägen (vgl. zum Beispiel Gander 2022: 17; Jungbauer-Gans, Gross 2013: 80; Zimmer 2018: 129). Im Folgenden stellen wir sie in kompakter Form vor.[2]

Für Bourdieu ist die Wissenschaft wie die Kunst ein soziales »Feld« (Bourdieu 1998; 1999), das er metaphorisch erläutert, indem er den Begriff »Kräftefeld« aus dem physikalischen in den gesellschaftlichen Bereich überträgt (Bourdieu 1999: 29). Wissenschaftler:innen verhalten sich wie »Partikel«; ihre »Laufbahn« wird bestimmt durch »das Verhältnis zwischen den Kräften des Feldes und ihrer je eigenen Trägheit«, die sich aus ihrem »Habi-

---

1 Unsere Fragestellung entspricht der von Lena M. Zimmer (2018), die allerdings nicht gezielt den Nachwuchs in der Soziologie in den Blick nimmt, sondern sich disziplinübergreifend mit Juniorprofessor:innen beschäftigt.

2 Der Einfachheit halber übernehmen wir Formulierungen aus Wagner, Klassert, Wagner (2023).

tus« als einem durch Sozialisation erworbenen dauerhaften System wahrnehmungs- und handlungsanleitender Muster sowie aus ihrem »Kapital« ergibt (ebd.: 29 f., 286).[3] Das Feld bietet »Möglichkeiten und Unmöglichkeiten«: »Die Zukunft stellt sich faktisch als ein Bündel ungleich wahrscheinlicher Laufbahnen dar« (ebd.: 30).

Dieser Metapher entsprechend erläutert Bourdieu auch das als Teil der Trägheitskraft gedachte »Kapital« metaphorisch, indem er den »Satz von der Erhaltung der Energie« in den gesellschaftlichen Bereich überträgt (Bourdieu 1992: 71). Er spricht von »sozialer Energie« und spezifiziert sie als »Kapital« (ebd.: 49). Für ihn ist Kapital eine »Kraft«, für deren »Akkumulation« durch »Arbeit« es »Zeit« braucht (ebd.: 50). Das gilt für Kapital »in all seinen Erscheinungsformen« (ebd.).

Bourdieu geht von drei Grundformen aus. (1) Das »ökonomische Kapital« ist »unmittelbar und direkt in Geld konvertierbar« (ebd.: 50, 52). (2) Das »kulturelle Kapital« existiert in drei Varianten. Als »inkorporierte[s]« Kapital ist es durch »Bildung« verinnerlicht und »zu einem festen Bestandteil der ›Person‹, zum Habitus geworden« (ebd.: 55 f.). Als »objektivierte[s]« Kapital liegt es in »materiellen Träger[n]« wie Büchern oder Gemälden vor (ebd.: 59). Als »institutionalisierte[s]« Kapital manifestiert es sich in schulischen, akademischen oder sonstigen Titeln (ebd.: 61). (3) Das »soziale Kapital« besteht in der »Gesamtheit der aktuellen und potenziellen Ressourcen, die mit dem Besitz eines dauerhaften Netzes von mehr oder weniger institutionalisierten *Beziehungen* gegenseitigen Kennens und Anerkennens verbunden sind« (ebd.: 63).

Dem in Analogie zum »Satz von der Erhaltung der Energie« postulierten »Gesetz der Kapitalerhaltung« entsprechend können diese Kapitalformen ineinander umgewandelt werden, wobei die *Arbeitszeit* das einheitliche Maß ist, mit dem ihre Größen gemessen werden:

> »Das durch alle Kapitalumwandlungen hindurch wirkende *Prinzip der Erhaltung sozialer Energie* lässt sich verifizieren, wenn man für jeden gegebenen Fall sowohl die in Form von Kapital akkumulierte Arbeit als auch die Arbeit in Rechnung stellt, die für die Umwandlung von einer Kapitalart in eine andere notwendig ist« (ebd.: 71; Herv.i.O.).

Nun spricht Bourdieu auch von »symbolische[m] Kapital« (ebd.: 77). Darunter versteht er jedoch keine eigene Kapitalform, sondern etwas, das durch Anerkennung der drei Grundformen jeweils entsteht:

---

3 Wir konzentrieren uns im Folgenden auf das Kapital. Was die für die deutsche Soziologie relevanten Kräfte des Feldes betrifft, verweisen wir auf die letzten Jahrgänge der SOZIOLOGIE. In Sachen Habitus verweisen wir auf Matthies, Torka (2019) sowie Djupe et al. (2020) und Lindahl (2023).

»Jede Art Kapital (ökonomisches, kulturelles, soziales) tendiert (in unterschiedlichem Grade) dazu, als symbolisches Kapital zu funktionieren (sodass man vielleicht genauer von *symbolischen Effekten des Kapitals* sprechen sollte), wenn es explizite oder praktische Anerkennung erlangt« (Bourdieu 1997: 311; Herv.i.O.).

Die drei Grundformen entstehen durch Arbeit und unterliegen dem Satz der Kapitalerhaltung. Werden sie anerkannt, können sie als symbolisches Kapital fungieren. Symbolisches Kapital hat demzufolge nicht als solches an der Kapitalumwandlung teil, sondern als anerkanntes ökonomisches, anerkanntes kulturelles und anerkanntes soziales Kapital (ebd.: 311). Bourdieu spricht hier auch von »Prestige«, was man im Feld der Wissenschaft »Reputation« nennt (Bourdieu 1988: 135, 171).

Tatsächlich ist das »wissenschaftliche« Kapital eine »besondere Art symbolischen Kapitals« (Bourdieu 1998: 23). Folglich kann es, je nachdem, ob es durch Anerkennung ökonomischen, kulturellen oder sozialen Kapitals entsteht, unterschiedlich charakterisiert werden. Bourdieu hat allerdings nur zwei Arten wissenschaftlichen Kapitals – ein institutionelles und ein reines – spezifiziert und deren Fundierung in den Grundformen als mehr oder weniger selbst-explikativ vorausgesetzt (ebd.: 31 f.).

Die Fundierung des institutionellen wissenschaftlichen Kapitals im sozialen Kapital ist in der Tat evident. Das zugrunde liegende soziale Kapital wird akkumuliert durch

»Mitgliedschaft in Kommissionen, in Prüfungsausschüssen und Preisgerichten, Teilnahme an sachlich mehr oder weniger fiktiven Kolloquien, an Festakten, Zusammenkünften usw. [und ist verknüpft] mit der Besetzung herausgehobener Stellen in wissenschaftlichen Institutionen, mit der Leitung von Forschungseinrichtungen und Abteilungen, der Mitgliedschaft in Kommissionen, mit Gutachtertätigkeiten und mit der dadurch eingeräumten Macht über Produktionsmittel (Verträge, Gelder, Posten usw.) und Reproduktionsmittel (die Macht, über Karrieren zu entscheiden oder Karrieren zu ›machen‹)« (ebd.).

Um dieser Macht willen werden die Akteure letztlich anerkannt, was ihr institutionelles wissenschaftliches Kapital generiert.

Die Fundierung des reinen wissenschaftlichen Kapitals ist weniger evident. Es entsteht »vor allem durch anerkannte Beiträge zum Fortschritt der Wissenschaft, durch Erfindungen oder Entdeckungen« (ebd.: 32). Für Bourdieu »hängt es mit der Person zusammen, mit ihren persönlichen ›Gaben‹«, die er als »etwas Charismatisches« bezeichnet, weil sie es sogar ermöglichen, die »normale Wissenschaft« zu transzendieren (ebd.: 32, 34). Damit scheint eine besondere, den Habitus charakterisierende Persönlichkeitsstruktur gemeint zu sein, die sich mit dem inkorporierten kulturellen Kapital in Wechselwirkung befindet. Damit Beiträge zum Fortschritt der Wissenschaft anerkannt werden können, müssen sie publiziert werden, möglichst »in hochselektiven und prestigereichen Organen« (ebd.: 32). Bourdieu erläutert diesen Sachverhalt nicht näher, was insofern schade ist, als ihm mit dem objektivierten kulturellen Kapital eine Kategorie zur Verfügung gestanden hätte, mit der auch eigene Publikationen als in materiellen Trägern wie Büchern und Zeitschriften objektivierte Forschungsresultate erfasst werden können. Es empfiehlt sich also, über Bourdieu hinausgehend, die Kategorie des objektivierten kulturellen Kapitals für das wissenschaftliche Feld fruchtbar zu machen, indem man sie breiter fasst. Neben forschungsrelevanten Objekten wie Trouvaillen (unbekannte Manuskripte oder Gemälde), die Wissenschaftler:innen als Eigentum erworben haben, oder Kuriositäten, die ihren Eigentümern einen besonderen Nimbus verleihen,[4] kann man darunter auch Publikationen fassen, die auf Basis des inkorporierten kulturellen Kapitals entstanden sind und durch Anerkennung zu symbolischem Kapital im Sinne reinen wissenschaftlichen Kapitals werden.

Reines wissenschaftliches Kapital kann freilich nicht nur über publizierte Beiträge zum Fortschritt der Wissenschaft generiert werden. Auch das institutionalisierte kulturelle Kapital, das ebenfalls auf inkorporiertem kulturellen Kapital basiert, kann durch Anerkennung zur Quelle reinen Kapitals werden. Es entsteht, wenn Wissenschaftler:innen herausragende Abschlüsse vorweisen können. (Inter-)nationale Rankings machen Abschlüsse an bestimmten Universitäten und Departments prestigeträchtiger als an anderen (Brankovic, Ringer, Werron 2018; Espeland, Sauder 2016; Hazelkorn 2015). Solches institutionalisierte kulturelle Kapital kann durch Anerkennung zu symbolischem Kapital im Sinne reinen wissenschaftlichen Kapitals werden, das sich je nach Prestige der zertifizierenden Einrichtungen gewichten lässt.

Durch diese in der Strukturlogik von Bourdieus Theorie angelegten Erweiterungen nimmt das kulturelle Kapital eine systematische Struktur an. Das inkorporierte kulturelle Kapital ist die Basis, auf der einerseits objektiviertes Kapital in Form von publizierten Beiträgen zum Fortschritt der Wissenschaft entsteht und andererseits institutionalisiertes Kapital in Form von Zertifikaten. Wie das Phänomen »Citizen Science« zeigt, also die Partizipation von Amateur:innen an der Forschung von Wissenschaftler:innen (Wagner 2022), müssen Abschlüsse keine Voraussetzung für Publikationen sein.

4 Zum Beispiel der Zettelkasten Niklas Luhmanns (1981).

Dadurch werden das objektivierte kulturelle Kapital und das institutionalisierte kulturelle Kapital zu zwei unabhängigen Modi der Akkumulation reinen wissenschaftlichen Kapitals.

In der Strukturlogik von Bourdieus Theorie ist noch eine weitere Ergänzung angelegt. Nicht nur soziales und kulturelles, sondern auch ökonomisches Kapital kann durch Anerkennung zu symbolischem Kapital im Sinne wissenschaftlichen Kapitals werden. Darunter fallen Drittmittel, deren Relevanz im Wissenschaftsbetrieb seit den Tagen Bourdieus immens gestiegen ist. In der Literatur über wissenschaftliche Karrieren, die mit Bourdieus Kapitaltheorie arbeiten, wird ökonomisches Kapital zwar berücksichtigt, allerdings undifferenziert oder verkürzt, und der symbolische Effekt von Drittmitteln wird nicht begrifflich ausgemünzt (zum Beispiel Sembritzki, Jungbauer-Gans 2023; Zimmer 2018: 77, 82 f.). Bourdieus Konzept wissenschaftlichen Kapitals muss um eine Sorte ergänzt werden, die man »kollektorisches« wissenschaftliches Kapital nennen kann.[5] Mit der Summe der eingesammelten Mittel, der sogenannten »Drittmittelstärke«, wächst das Prestige der Wissenschaftler:innen, freilich je nach Prestige der Fördereinrichtungen.

Schließlich gibt es noch die Möglichkeit, dass sich symbolisches Kapital selbst reproduziert. Wissenschaftler:innen, die über eine ansehnliche Menge an mindestens einer der Sorten des symbolischen Kapitals (kollektorisches, reines, institutionelles) verfügen, können um dessentwillen noch einmal anerkannt werden, was eine Variante des Matthäus-Effekts darstellt (Merton 1968). Dann werden ihnen Auszeichnungen verliehen, wobei es auch hier auf das Prestige der verleihenden Institution ankommt. In der Literatur über wissenschaftliche Karrieren, die mit Bourdieus Kapitaltheorie arbeiten, werden Auszeichnungen kaum berücksichtigt. Sie werden auch nicht in ihrer autopoietischen Logik erkannt und als eine höherwertige Form symbolischen Kapitals begrifflich ausgemünzt (zum Beispiel Lutter, Schröder 2016). Bourdieus Konzept wissenschaftlichen Kapitals muss um eine weitere Sorte ergänzt werden, die man »laureatorisches« wissenschaftliches Kapital nennen kann.[6]

Damit ist die Strukturlogik von Bourdieus Kapitaltheorie mit Blick auf das Feld der Wissenschaft systematisch expliziert. Das Resultat kann in Übersicht 1 visualisiert werden.

5 von lat. colligere: sammeln.

6 von lat. laureatus: mit Lorbeer bekränzt.

Übersicht 1: Eine Theorie wissenschaftlichen Kapitals auf Basis von Bourdieu

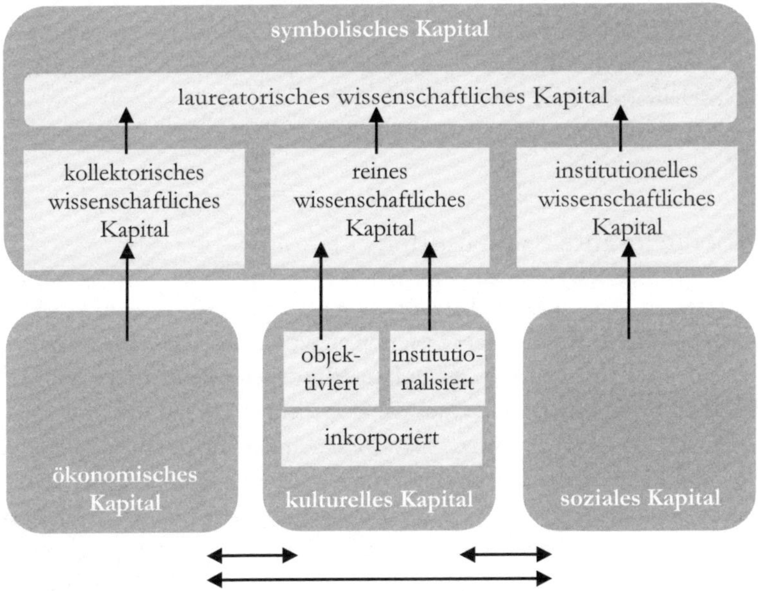

Die längeren Einzelpfeile markieren die symbolischen Effekte, die sich durch Anerkennung der drei Grundformen des Kapitals einstellen; die kürzeren stellen die Autopoiesis dieser symbolischen Effekte dar. Die Doppelpfeile markieren die Umwandlungen der Grundformen, die sich gemäß dem »Gesetz der Kapitalerhaltung« vollziehen (Bourdieu 1992: 71). Sie sollen auch den indirekten Einfluss der Grundarten auf die Genese wissenschaftlichen Kapitals abbilden. So kommt soziales Kapital nicht nur als institutionelles Kapital zum Tragen, sondern kann auch der Erzeugung reinen und kollektorischen Kapitals dienen. Ökonomisches Kapital kommt nicht nur als kollektorisches Kapital zum Tragen, sondern kann auch der Erzeugung reinen und institutionellen Kapitals dienen. Schließlich kommt kulturelles Kapital nicht nur als reines Kapital zum Tragen, sondern kann auch der Erzeugung kollektorischen und institutionellen Kapitals dienen.

Fassen wir zusammen: Im Feld der Wissenschaft ergeben sich aus dem durch Arbeit akkumulierten ökonomischen, kulturellen und sozialen Kapital durch Anerkennung symbolische Effekte, die man kollektorisches, reines und institutionelles wissenschaftliches Kapital nennen kann und deren Anerkennung man wiederum als laureatorisches wissenschaftliches Kapital bezeichnen kann. Diejenigen Wissenschaftskapitalisten, die das meiste zielführende Kapital akkumulieren, haben die größten Chancen, Karriere zu machen. Doch welches Kapital ist zielführend? Darüber gibt die empirische Wissenschaftsforschung Auskunft.

Karriererelevante Kapitalsorten

In der empirischen Wissenschaftsforschung wurden in den letzten beiden Jahrzehnten etliche Studien über Determinanten wissenschaftlicher Karrieren publiziert. Diese Studien basieren auf verschiedenen Theorien, die mit verschiedenen Begriffen operieren, was die Vergleichbarkeit und Integration der Forschungsergebnisse erschwert. Da es eine »Inkommensurabilität« (Kuhn 1976: 159) von Begriffen nicht gibt (Douven, de Regt 2002; Wagner 2013), können wir jedoch von der Koextensionalität gleich- und sogar anderslautender Begriffe mit den Begriffen unserer Kapitaltheorie 2.0 ausgehen. So referieren zum Beispiel Mark Lutter und Martin Schröder mit ihrem Begriff »human capital« (Lutter, Schröder 2016: 1000, 1002) auf denselben Gegenstand, auf den unser Begriff »reines wissenschaftliches Kapital qua objektiviertem kulturellem Kapital« referiert. Diese Koextensionalität ermöglicht es, einige für die Soziologie relevante Erkenntnisse der empirischen Wissenschaftsforschung auf der Folie unserer Theorie zu systematisieren. Damit leisten wir auch einen Beitrag zur Rekonstruktion des Forschungsstandes, ohne freilich den Anspruch zu erheben, ihn hier bereits vollständig abbilden zu können.

Die einschlägigste, ausschließlich der Soziologie gewidmete Studie haben in der Tat Lutter und Schröder vorgelegt, die alle im Jahr 2013 an deutschen Universitäten und Forschungsinstituten tätigen Soziolog:innen erfassten (Lutter, Schröder 2016). Nach Soziologinnen und Soziologen differenziert, kommen sie zu folgendem Ranking von Prädiktoren für das Erreichen einer Professur mit Festanstellung (ebd.: 1007 ff.):

Übersicht 2: Prädiktoren von Karrieren in der Soziologie

	Soziologinnen	**Soziologen**
1	Auszeichnungen	Artikel in SSCI-Zeitschriften
2	Bücher	Mobilität
3	herausgegebene Sammelwerke	Bücher
4	Prestige-Habilitation	Studium im Ausland
5	Promotion im Ausland	Beiträge in Sammelwerken
6	Artikel in SSCI-Zeitschriften	Größe des Departments
7	Größe des Departments	herausgegebene Sammelwerke
8	Mobilität	internationale Publikationen
9	internationale Publikationen	Prestige-Habilitation
10	Vertretungsprofessur	Auszeichnungen

Wie man sieht, ist das reine wissenschaftliche Kapital qua objektiviertem kulturellem Kapital, das heißt Publikationen in Form von Artikeln in SSCI-Zeitschriften, Büchern, herausgegebenen Sammelwerken, Beiträgen in Sammelwerken sowie internationale Publikationen, und das reine wissenschaftliche Kapital qua institutionalisiertem kulturellem Kapital in Form von Prestige-Habilitation und Promotion im Ausland vertreten. Ebenfalls zum Tragen kommt das laureatorische wissenschaftliche Kapital (Auszeichnungen). Schließlich gibt es Faktoren, die auf soziales Kapital verweisen: Mobilität, Studium im Ausland, Promotion im Ausland, Größe des Departments, Vertretungsprofessor.

Dass das reine wissenschaftliche Kapital qua objektiviertem kulturellem Kapital essentiell für eine wissenschaftliche Karriere ist, ist ein fortwährend bestätigter Gemeinplatz (Jungbauer-Gans, Gross 2013: 85 f.; Zimmer 2018: 282 f.). Dass es Unterschiede zwischen Soziologinnen und Soziologen gibt, ist jedoch eine beachtliche neue Einsicht. Bei Soziologinnen rangieren Bücher und herausgegebene Sammelwerke vorne, während Artikel in SSCI-Zeitschriften weniger wichtig sind. Bei Soziologen sind Artikel in SSCI-Zeitschriften sogar der wichtigste Prädiktor. Bücher sind nicht ganz so wichtig und Beiträge in Sammelwerken und herausgegebene Sammelwerke eher nachrangig. Bemerkenswert ist zudem, dass internationale Publikationen für beide kaum relevant sind – was auf eine gewisse Provinzialität der deutschen Soziologie schließen lässt – und dass Artikel in nicht-SSCI-Zeitschriften und graue Literatur gar nicht auftauchen, also keine Effekte haben. Es ist schade, dass anders als für Zeitschriften bei Büchern und Sammelwerken offenbar nicht danach differenziert werden konnte, ob sie Begutachtungsverfahren durchlaufen haben. Darüber gibt, jedenfalls für Deutschland, auch das Prestige der Verlage letztlich keinen Aufschluss.

Diese Vielfalt an Publikationsformen entspricht dem Status der Soziologie als polytheistischer Disziplin. Richard Whitley hat die Unterscheidung von »umbrella disciplines« und »polytheistic disciplines« eingeführt (Whitley 1976; vgl. Korom 2020). In Regenschirmdisziplinen gibt es gemeinsame Überzeugungen hinsichtlich des Erwerbs von Wissen, die als strukturierende Prinzipien die Forschung in allen Bereichen anleiten. Zu solchen monotheistischen Disziplinen gehören die meisten Naturwissenschaften und ansatzweise auch Disziplinen, die sich an ihnen orientieren, wie zum Beispiel die Wirtschaftswissenschaften. Beiträge zum Fortschritt der Wissenschaft werden in Regenschirmdisziplinen in Form begutachteter Artikel in Fachzeitschriften publiziert, während sich die Funktion von Büchern in der weniger reputierlichen didaktischen Vermittlung des Wissens erschöpft. In dieser funktionalen Differenzierung erkannte Thomas S. Kuhn den Reifegrad einer Disziplin (Kuhn 1976: 34 f.).

In polytheistischen Disziplinen wie der Soziologie gibt es keinen solchen Konsens, sondern mehrere Überzeugungen hinsichtlich des besten Wegs zur Wahrheit, weswegen häufig über die Definition dieser Disziplin diskutiert wird und die Selbstbezeichnung als »multiparadigmatische« Wissenschaft seit den 1970er Jahren grassiert (Ritzer 1975; vgl. Neun 2020; Wagner 2013). In »Paradigmen«, die an den Naturwissenschaften orientiert sind, hat sich als Medium der Kommunikation von Beiträgen zum Fortschritt der Wissenschaft der begutachtete Artikel in Fachzeitschriften durchgesetzt; in »Paradigmen«, die geistes- und kulturwissenschaftlich ausgerichtet sind, werden dafür weiterhin auch Bücher genutzt (Franzen 2022: 31 f., 40 f.; Jungbauer-Gans, Gross 2013: 75 f.; Zimmer 2018: 283). Mit fortschreitender Verdrängung der Einzel- durch die Gruppenforschung (Kemp 2009; Seel 2006) kommt in diesen »Paradigmen« nun auch dem Sammelwerk die Funktion zu, Forschungsergebnisse zu kommunizieren. Eine Qualitätskontrolle ist allerdings kaum institutionalisiert, weshalb diese Form der Publikation vergleichsweise »wenig geachtet« ist (Franzen 2022: 41; vgl. Kemp 2009: 1018). Weil sich am Status der Soziologie als polytheistischer Disziplin so schnell nichts ändern dürfte, wird es auch zukünftig viele Publikationsformen geben, wobei offenbar mehr Soziologinnen als Soziologen in »qualitativen« Bereichen engagiert sind (Jungbauer-Gans, Gross 2013: 86; Lutter, Schröder 2016: 1008; 2020: 455).

Hinsichtlich des reinen wissenschaftlichen Kapitals qua institutionalisiertem kulturellem Kapital zahlt sich das Prestige der Universität beziehungsweise des Departments, an denen Abschlüsse erworben wurden, bei der Habilitation aus, und zwar in weitaus stärkerem Maße für Soziologinnen als Soziologen (Lutter, Schröder 2016: 1001, 1004, 1007 ff.; vgl. bereits Jungbauer-Gans, Gross 2013: 79 f., 85, 87 f.). Im Unterschied zum US-amerikanischen Universitätssystem gibt es im deutschen allerdings keine allgemein anerkannte Prestigehierarchie (Wissenschaftsrat 2008: 452 ff.; vgl. Münch, Baier 2009) und der Versuch, eine solche durch die sogenannte Exzellenzinitiative zu konstruieren, ist für die Karrieren von ECRs nicht unbedingt positiv. Das zeigt das Beispiel der Politikwissenschaft, in der ein Abschluss an einer Exzellenzuniversität die Chancen auf eine Professur sogar merklich verringert (Schröder, Lutter, Habicht 2021: 14). Was die Promotion betrifft, scheint sich ein Abschluss im Ausland offenbar unabhängig vom Prestige der Institution für Soziologinnen auszuzahlen, nicht jedoch für Soziologen, für die sich dafür ein Studium im Ausland lohnt (Lutter, Schröder 2016: 1007). Grundsätzlich kommt es natürlich auch auf die Bewertung an: »Je besser die Promotionsnote, desto höher ist die Wahrscheinlichkeit für eine berufliche Tätigkeit in der Wissenschaft« (Jaksztat, Schindler, Briedis 2017: 326).

Hinsichtlich des laureatorischen wissenschaftlichen Kapitals sind Auszeichnungen – »best-paper, best-graduation, or general awards from professional associations« (Lutter, Schröder 2016: 1003) – für Soziologinnen der stärkste Prädiktor für den Erhalt einer Professur, während sie für Soziologen kaum von Bedeutung sind (ebd.: 1008). Ein ähnliches Ergebnis liefert eine Studie zur Politikwissenschaft (Schröder, Lutter, Habicht 2021: 9 f., 14). Grundsätzlich ist hinsichtlich dieser Kapitalsorte eine differenzierte Betrachtung aus mindestens drei Gründen angebracht. Erstens wird sie nicht nur durch Anerkennung reinen Kapitals, sondern auch durch Anerkennung kollektorischen Kapitals und institutionellen Kapitals generiert. Zweitens kann die Anerkennung durch soziales Kapitel beeinflusst sein; in der Forschung über Nobel-Preisträger ist sogar von »scientific prize networks« die Rede (Ma, Uzzi 2018; Wagner et al. 2015). Drittens kann die Anerkennung unterschiedliche Gründe haben, die nicht unbedingt meritokratisch sein müssen: »While awards may indicate high-quality scholarship, they can also reward academic potential, innovation, or even conformity to established academic norms« (Lutter, Schröder 2016: 1001). Über die Vergabe von Auszeichnungen wird durchaus geforscht (zum Beispiel Chan et al. 2014; English 2005; Jin, Uzzi 2021). Soweit wir sehen können, gibt es aber noch keine spezielle Studie zur Soziologie.

Hinsichtlich des sozialen Kapitals haben die Kontakte, die man an den Departments, an denen man forscht, und durch (Auslands-)Mobilität knüpft, einen positiven Effekt (Lutter, Schröder 2016: 1001, 1003, 1005, 1008 f.). Das gilt auch für andere Disziplinen (Netz 2021: 3 ff.; Netz, Jaksztat 2017: 498 ff.; Zimmer 2018: 99 ff., 290 f.). Größere Departments und mehr Mobilität erhöhen die Chance, eine Professur zu bekommen. Das kann nicht nur daran liegen, dass einen direkt oder indirekt mehr Mitglieder potenzieller Berufungskommissionen kennen, sondern auch daran, dass die Zugehörigkeit zu Netzwerken die Produktivität erhöht (Lutter, Schröder 2016: 1001). Das gilt besonders für Netzwerke mit Mitgliedern, die reichlich reines wissenschaftliches Kapital qua objektiviertem kulturellem Kapital haben. Die Kooperation und Ko-Autorenschaft mit sogenannten »Stars« (Korom 2023) wirkt sich positiv auf die qualitative und quantitative Produktivität aus und erhöht die Chancen, in prestigeträchtigen Zeitschriften zu publizieren (Betancourt, Jochem, Otner 2023; Li et al. 2019; Zimmer 2018: 290; vgl. auch Dunn 2017). Nach Lutter und Schröder (2016) ist für Soziologinnen soziales Kapital weniger von Bedeutung als für Soziologen, für die sich Mobilität offenbar besonders auszahlt. Was die internationale Mobilität betrifft, ist wiederum zu bedenken, dass sie auch auf Kosten des im nationalen Kontext erworbenen sozialen Kapitals gehen kann (Bauder 2020; vgl. Netz 2021: 3; Jaksztat, Schindler, Briedis 2011: 38).

Über das durch Anerkennung sozialen Kapitals generierte institutionelle wissenschaftliche Kapital finden sich bei Lutter und Schröder (2016) keine Aussagen, was aber typisch für die Forschung und keineswegs überraschend ist (Zimmer 2018: 90). Denn in der Regel sind es *seniors*, die bereits eine Lebenszeitstelle haben, die aufgrund ihrer Tätigkeiten in Kommissionen, als Gutachter oder als Leiter wissenschaftlicher Institutionen anerkannt werden. In der heutigen »Gruppenuniversität« (Huber 2023) arbeiten ECRs zwar in der Selbstverwaltung mit; aber die dafür investierte Zeit fehlt ihnen für ihre Forschung. Was für die Politikwissenschaft erkannt wurde, dürfte für den Nachwuchs aller Disziplinen gelten: »Gremienarbeit zahlt sich nicht aus und sollte soweit wie möglich vermieden werden« (Plümper, Schimmelfennig 2007: 116). Selbst für Juniorprofessor:innen ist »der Grenznutzen des in diesem Karrierestadium überhaupt akkumulierbaren institutionellen wissenschaftlichen Kapitals […] schnell erreicht« (Zimmer 2018: 91, 286 f.).

Das durch Anerkennung sogenannter »Drittmittelstärke« generierte kollektorische wissenschaftliche Kapital taucht im Ranking von Lutter und Schröder gar nicht auf, weil die Autoren diesen Aspekt nur am Rande berücksichtigt haben (Lutter, Schröder 2016: 1009). In Studien zur Politikwissenschaft kommen sie und Isabel M. Habicht jedoch zu einem Ergebnis, das auch für die Soziologie gelten soll: »external funding brings success even in the absence of publications […]. Researchers who bring money may be more desirable candidates because having been chosen by the DFG may signal potential for future research output« (Schröder, Lutter, Habicht 2021: 14; vgl. Habicht, Lutter, Schröder 2021: 9673). Dazu passt, dass Drittmittel, die in den letzten beiden Jahrzehnten von einer zusätzlichen zu einer grundsätzlichen Finanzierungsquelle von Forschung wurden, als eine numerisch leicht zu erfassende Größe zu einem »objektiven Erfolgsindikator« wissenschaftlicher Produktivität avancierten (Schwabe, Jungbauer-Gans 2021: 105; vgl. Gläser, Serrano Velarde 2018; Preuß 2017), und das, obwohl sie durchaus umstritten sind: »some may find it worrying that needing more money to do research rather than actually producing more research is in itself a success factor« (Schröder, Lutter, Habicht 2021: 14).

Fazit und Empfehlungen

Das vorgestellte Ranking von Prädiktoren für das Erreichen einer Professur unterstreicht die essentielle Bedeutung des reinen wissenschaftlichen Kapitals qua objektiviertem kulturellem Kapital. Das ursprünglich sogar für die Soziologie formulierte Diktum »publish or perish« gilt also nach wie vor (Case 1928). Aufgrund des polytheistischen Charakters der Soziologie hängt es vom jeweiligen »Paradigma« ab, ob man vorrangig Artikel in SSCI-Journals oder Bücher publiziert, um Forschungsergebnisse zu kommunizieren. Die Herausgabe von Sammelwerken und Beiträge in Sammelwerken zahlen sich mehr oder weniger aus, während Artikel in nicht-SSCI-Journals und graue Literatur gar nicht zu Buche schlagen.

Für ECRs empfiehlt es sich demnach, sich auf die Publikation von Artikeln in SSCI-Journals und/oder von Büchern zu konzentrieren, wobei darauf geachtet werden sollte, dass man Bücher in Verlagen unterbringt, die

Begutachtungen durchführen, auf die man als Qualitätskriterium verweisen kann, und dass Bücher, die der didaktischen Vermittlung von Wissen dienen, weniger reputierlich sind. Wer Sammelwerke herausgeben und Beiträge zu Sammelwerken beisteuern möchte, sollte ebenfalls darauf achten, dass sie eine Qualitätskontrolle durchlaufen. Man sollte unbedingt die Finger von Artikeln für nicht-SSCI-Journals und von grauer Literatur lassen, weil sie die Publikationsliste zwar verlängern, aber keine karrierefördernden Effekte haben. Die nicht verbrannte Zeit kann zielführender für Artikel in SSCI-Journals und/oder begutachtete Bücher investiert werden.

Obwohl internationalen Publikationen in der deutschen Soziologie bisher offenbar keine größere Bedeutung zukamen, ändert sich das zunehmend. »Internationalität« wird zu einem Gütesiegel wissenschaftlicher Arbeit (DFG o. J.). Darauf haben sich einige deutsche Fachzeitschriften in der Soziologie eingestellt, in denen auch auf Englisch publiziert werden kann. In »Paradigmen«, die sich an den Naturwissenschaften orientieren, ist das gängige Praxis; und was spräche dagegen, auch die Forschungsergebnisse der anderen »Paradigmen« einem breiteren Fachpublikum zur Kenntnis zu bringen. Der Nachwuchs ist also in jedem Fall gut beraten, auf diesen Zug aufzuspringen.

In einer Studie zur Politikwissenschaft, deren Ergebnisse in ähnlicher Weise auch für die Soziologie gelten sollen (Habicht, Lutter, Schröder 2021: 9671 ff.), kommen die Autor:innen am Beispiel von Artikeln in SSCI-Journals auch auf den Zeitfaktor zu sprechen:

> »researchers who published twice as many SSCI articles in the past also publish twice as many articles currently. Thus, past productivity is an almost perfect predictor of current productivity when comparing researchers: those who were more productive in the past are also more productive than others in the future« (ebd.: 9669).

Diese Erkenntnis ist für die Karriereplanung von ECRs von entscheidender Bedeutung: »The results suggest that researchers who publish more than others early on can expect this to endure. If, however, one recognizes that others initially publish more than oneself, then this is unlikely to change and it is very unlikely that one will catch up« (ebd.: 9672). Aus dieser auch für andere Disziplinen gut bestätigten Erkenntnis (Horta, Santos 2016; Lee 2019; Lindahl, Colliander, Danell 2020; Plümper, Schimmelfennig 2007; Wu et al. 2022), die dem Matthäus-Effekt entspricht (Petersen et al. 2011), folgt die Empfehlung, möglichst früh möglichst viel zu publizieren oder aber bei

Misslingen aus diesem »up or out system«[7] auszusteigen, um nicht wertvolle Lebenszeit zu verschwenden: »If young researchers find they lag behind their colleagues […] they should consider that the data suggests that this is unlikely to change« (Habicht, Lutter, Schröder 2021: 9673).

Eine Maßnahme zur Erhöhung des Outputs an Publikationen ist offenbar eine »research agenda«: »A research agenda provides a map for your career – or at least for the next few years (e.g., 3–5) of your career. Typically your research agenda will include a set of questions, issues, or problems, all of which relate to a common theme or topic« (Ertmer, Glazewski 2014: 55). João M. Santos, Hugo Horta und Huan Lin haben einen positiven Effekt von »research agendas« auf die in Publikationen gemessene Produktivität von 604 internationalen Sozialwissenschaftler:innen nachgewiesen, sofern sie sich auf ein »single field of knowledge« konzentriert hatten, »while those research agendas that are overspecialized, dispersed over several fields of knowledge and topics, and influenced by a mentor have opposite associations« (Santos, Horta, Li 2022: 3719). Es empfiehlt sich also, ein thematisch nicht zu eng fokussiertes Forschungsprogramm möglichst eigenständig zu konzipieren. Dass Mentorenschaften eine zweischneidige Sache sind, ist auch hinsichtlich von Juniorprofessuren festgestellt worden, weil sie mit fortschreitender Karriere als Indiz mangelnder Eigenständigkeit interpretiert werden können (Zimmer 2018: 97 f., 289). Offenbar sollte die »Betreuung« nicht so intensiv sein, dass sie die Forschungsvorhaben der ECRs maßgeblich bestimmt.

Eine andere Maßnahme zur Erhöhung des Outputs an Publikationen ist, wie bereits gesagt, die Zugehörigkeit zu Netzwerken, vor allem die Kooperation und Ko-Autorenschaft mit solchen Wissenschaftler:innen, die über reichlich reines wissenschaftliches Kapital qua objektiviertem kulturellem Kapital verfügen. Forschung wird immer mehr in Netzwerken betrieben (Henriksen 2016; Wuchty, Jones, Uzzi 2008), auch in den Geistes- und Kulturwissenschaften und in den an ihnen orientierten »Paradigmen« der Soziologie (Kemp 2009; Seel 2006). Für ECRs ist es in jedem Fall empfehlenswert, soziales Kapital aufzubauen, um Zugang zu produktiven Forschergruppen zu finden.

Was das reine wissenschaftliche Kapital qua institutionalisiertem kulturellem Kapital betrifft, das aus der Habilitation an einem Department mit hohem Prestige folgt, so ist die Wahlfreiheit der Kandidaten *de facto* begrenzt. In der Regel werden ECRs habilitiert, die eine engere, meist auf Anstellung

7 »German academia […] is a strict ›up or out system‹ […]. Academics either get a professorship or are forced out of the system.« (Schröder, Lutter, Habicht 2021: 2)

basierende Verbindung mit dem Department haben. Die Chance auf eine Prestige-Habilitation hängt also weitgehend davon ab, eine Stelle an einem hoch gerankten Department ergattert zu haben, was wiederum von kontingenten Bedingungen abhängt. Wer es nicht auf eine solche Stelle schafft, der kann auf eine »habilitationsäquivalente Leistung« setzen, die jedenfalls in »Paradigmen«, die sich an den Naturwissenschaften orientieren, anerkannt wird. Dazu passt auch die obige Empfehlung, möglichst früh möglichst viel zu publizieren: »Wer mehr publiziert, hat eine höhere Chance, gar nicht erst habilitieren zu müssen« (Plümper, Schimmelfennig 2007: 114).

Hinsichtlich des laureatorischen wissenschaftlichen Kapitals kann man sich entweder der *illusio* hingeben, dass ausgezeichnete Leistungen *per se* die Chance haben, auch ausgezeichnet zu werden; oder man kann darauf hoffen, dass soziales Kapital (»Vitamin B«) die Autopoiesis des symbolischen Kapitals katalysiert. Wie für den Zugang zu Netzwerken mit Mitgliedern mit reichlich reinem wissenschaftlichem Kapital ist soziales Kapital auch hier hilfreich. Allerdings ist, wie schon gesagt, davon abzuraten, es durch Gremienarbeit zu generieren und auf institutionelles wissenschaftliches Kapital zu spekulieren. Die universitäre Selbstverwaltung kostet Zeit, ohne für ECRs einen nennenswerten karriererelevanten Effekt zu haben.

Was schließlich das kollektorische wissenschaftliche Kapital betrifft, wird man als ECR in der heutigen Zeit kaum darauf verzichten können. Da die Beantragung von Drittmitteln bekanntlich sehr zeitintensiv ist, sollte das Verhältnis von Aufwand und Ergebnis abgewogen werden; sie sollte jedenfalls »nicht zulasten der Forschung und der Veröffentlichungen gehen« (Plümper, Schimmelfennig 2007: 116). Bei vorhandener Einbindung in Netzwerke können Anträge auch gemeinsam mit anderen Wissenschaftler:innen gestellt werden.

Summa summarum kann dazu geraten werden, (1) auf Basis eines Forschungsprogramms möglichst früh möglichst viele Artikel in SSCI-Journals und/oder begutachtete Bücher zu publizieren, um damit gegebenenfalls auch habilitationsäquivalente Leistungen vorweisen zu können; (2) Kontakte zu Forschergruppen möglichst mit »Stars« zu suchen, um mit ihnen zu publizieren und Drittmittel einzuwerben; (3) in die Selbstverwaltung nur ein absolut notwendiges Minimum an Zeit zu investieren.[8] Und keinesfalls ist es verkehrt, sich möglichst früh einen möglichst großen Vorrat an Glückskeksen zuzulegen, denn bekanntlich ist das »akademische Leben« ein »wilder Hazard« (Weber 1919: 9).

8 Dieses Resultat deckt sich mit dem, was Plümper und Schimmelfennig (2007: 116) für die Politikwissenschaft formuliert haben.

Literatur

Bauder, Harald 2020: International mobility and social capital in the academic field. Minerva, vol. 58, no. 3, 367–387.

Betancourt, Nathan / Jochem, Torsten / Otner, Sarah M. G. 2023: Standing on the shoulders of giants. How star scientists influence their coauthors. Research Policy, vol. 52, 104624, 1–13. https://doi.org/10.1016/j.respol.2022.104624.

Bloch, Roland / Gassmann, Freya / Jongmanns, Georg / Krüger, Anne K. / Kuhnt, Mathias / Reitz, Tilman / Wöhrle, Patrick 2023: Das Wissenschaftszeitvertragsgesetz. SOZIOLOGIE, 52. Jg., Heft 4, 468–488.

Bourdieu, Pierre 1988: Homo academicus. Frankfurt am Main: Suhrkamp.

Bourdieu, Pierre 1992: Ökonomisches Kapital – Kulturelles Kapital – Soziales Kapital. In Pierre Bourdieu, Die verborgenen Mechanismen der Macht. Hamburg: VSA, 49–79.

Bourdieu, Pierre 1997: Meditationen. Zur Kritik der scholastischen Vernunft. Frankfurt am Main: Suhrkamp.

Bourdieu, Pierre 1998: Vom Gebrauch der Wissenschaft. Für eine klinische Soziologie des wissenschaftlichen Feldes. Konstanz: UVK.

Bourdieu, Pierre 1999: Die Regeln der Kunst. Genese und Struktur des literarischen Feldes. Frankfurt am Main: Suhrkamp.

Brankovic, Jelena / Ringer, Leopold / Werron, Thomas 2018: How rankings produce competition. The case of global university rankings. Zeitschrift für Soziologie, 47. Jg., Heft 4, 270–288.

Case, Clarence Marsh 1928: Scholarship in sociology. Sociology and Social Research, vol. 12, vol. 4, 323–340.

Chan, Ho Fai / Frey, Bruno S. / Gallus, Jana / Torgler, Benno 2014: Academic honors and performance. Labour Economics, vol. 31, 188–204.

DFG Deutsche Forschungsgemeinschaft, o. J.: Die Internationalisierungsstrategie der DFG. https://www.dfg.de/resource/blob/170498/9477c10f92f007a7875eb8654fabc35c/internationalisierung-data.pdf.

Djupe, Paul A. / Quaile-Hill, Kim / Smith, Amy Erica / Sokhey, Anand E. 2020: Putting personality in context. Determinants of research productivity and impact in political science. Scientometrics, vol. 124, no. 3, 2279–2300.

Douven, Igor / de Regt, Henk W. 2002: A Davidsonian argument against incommensurability. International Studies in the Philosophy of Science, vol. 16, no. 2, 157–169.

Dunn, Mary B. 2017: Early career development networks and professional's knowledge creation. Journal of Management, vol. 45, no. 4, 1343–1371.

English, James F. 2005: The Economy of Prestige. Prizes, Awards, and Cultural Value. Cambridge, Mass.: Harvard University Press.

Ertmer, Peggy A. / Glazewski, Krista D. 2014: Developing a research agenda. Contributing new knowledge via intent and focus. Journal of Computing in Higher Education, vol. 26, no. 1, 54–68.

Espeland, Wendy N. / Sauder, Michael 2016: Engines of Anxiety. Academic Rankings, Reputation, and Accountability. New York: Russell Sage Foundation.

Franzen, Martina 2022: Einheit oder Vielfalt? Wissenschaftliche Publikationspraktiken im fachkulturellen Vergleich. Mittelweg, 36. Jg., Heft 2, 28–47.

Gander, Michelle 2022: A holistic career framework. Integrating Bourdieu and career theory. Australian Journal of Career Development, vol. 31, no. 1, 14–25.

Gläser, Jochen / Serrano Velarde, Kathia 2018: Changing funding arrangements and the production of scientific knowledge. Introduction to the special issue. Minerva, vol. 56, no. 1, 1–10.

Habicht, Isabel M. / Lutter, Mark / Schröder, Martin 2021: How human capital, universities of excellence, third party funding, mobility and gender explain productivity in German political science. Scientometrics, vol. 126, no. 12, 9649–9675, doi: 10.1007/s11192-021-04175-8.

Hazelkorn, Ellen 2015: Rankings and the Reshaping of Higher Education. The Battle for World-Class Excellence. Dordrecht: Springer.

Henriksen, Dorte 2016: The rise of co-authorship in the social sciences (1980–2013). Scientometrics, vol. 107, no. 2, 455–476.

Horta, Hugo / Santos, João M. 2016: The impact of publishing during PhD studies on career research publication, visibility, and collaborations. Research in Higher Education, vol. 57, no. 1, 28–50.

Huber, Michael 2023: Der Organisationstyp der Universität. In Maja Apelt / Veronika Tacke (Hg.), Handbuch Organisationstypen. Wiesbaden: Springer VS, 419–440.

Jaksztat, Steffen / Brandt, Gesche / de Vogel, Susanne / Briedis, Kolja 2017: Gekommen, um zu bleiben? Die Promotion als Wegbereiter wissenschaftlicher Karrieren. WSI Mitteilungen, 72. Jg., Heft 5, 321–329, doi: 10.5771/0342-300X-2017-5-321.

Jaksztat, Steffen / Schindler, Nora / Briedis, Kolja 2011: Die internationale Ausrichtung des wissenschaftlichen Nachwuchses. HIS: Forum Hochschule, Heft 10.

Jin, Ching / Uzzi, Brian 2021: Evaluating the role of scientific awards. Physics, vol. 14, no. 144, https://physics.aps.org/articles/v14/144.

Jungbauer-Gans, Monika / Gross, Christiane 2013: Determinants of success in university careers. Findings from the German academic labor market. Zeitschrift für Soziologie, 42. Jg., Heft 1, 74–92.

Kemp, Wolfgang 2009: Gruppentexte. Ein kritischer Blick auf Sammelband und Forschergruppe. Merkur, Nr. 726, 1013–1022.

Korom, Philip 2020: How do academic elites march through departments? A comparison of the most eminent economists and sociologist's career trajectories. Minerva, vol. 58, no. 3, 343–365.

Korom, Philip 2023: Star Sociologists. Anatomy of a Disciplinary Elite. Cham: Palgrave Macmillan.

Kuhn, Thomas S. 1976: Die Struktur wissenschaftlicher Revolutionen. Frankfurt am Main: Suhrkamp.

Lee, Danielle H. 2019: Predicting the research performance of early career scientists. Scientometrics, vol. 121, no. 3, 148–1504.

Li, Weihua / Aste, Tomaso / Caccioli, Fabio / Livan, Giacomo 2019: Early coauthorship with top scientists predicts success in academic careers. Nature Communications, vol. 10, no. 1, 1–9.

Lindahl, Jonas 2023: Conscientiousness predicts doctoral students' research productivity. Journal of Informetrics, vol. 17, no. 1, 101353.

Lindahl, Jonas / Colliander, Cristian / Danell, Rickard 2020: Early career performance and its correlation with gender and publication output during doctoral education. Scientometrics, vol. 122, no. 1, 309–330.

Luhmann, Niklas 1981: Kommunikation mit Zettelkästen. Ein Erfahrungsbericht. In Horst Baier / Hans Mathias Kepplinger / Kurt Reumann (Hg.), Öffentliche Meinung und sozialer Wandel. Opladen: Westdeutscher Verlag, 222–228.

Lutter, Mark / Schröder, Martin 2016: Who becomes a tenured professor, and why? Panel data evidence from German sociology, 1980–2013. Research Policy, vol. 45, 999–1013.

Lutter, Mark / Schröder, Martin 2020: Is there a motherhood penalty in academia? The gendered effect of children on academic publications in German sociology. European Sociological Review, vol. 36, no. 3, 442–459.

Ma, Yifang / Uzzi, Brian 2018: Scientific prize network predicts who pushes the boundaries of science. PNAS vol. 115, no. 50, 12608–12615.

Matthies, Hildegard / Torka, Marc 2019: Academic habitus and institutional change. Comparing two generations of German scholars. Minerva, vol. 57, no.3, 345–371.

Merton, Robert K. 1968: The Matthew effect in science: The reward and communication systems of science are considered. Science, vol. 159, no. 3810, 56–63, doi: 10.1086/354848.

Münch, Richard / Baier, Christian 2009: Die Konstruktion der soziologischen Realität durch Forschungsrating. Berliner Journal für Soziologie, 19. Jg., Heft 2, 295–319.

Netz, Nicolai 2021: Welchen Einfluss hat internationale Mobilität auf wissenschaftliche Karrieren? Ein Forschungsüberblick. DAAD Forschung Kompakt, 1. Jg., 1–7, doi: 10.46685/DAADStudien.2021.01.

Netz, Nicolai / Jaksztat, Steffen 2017: Explaining scientists' plans for international mobility from a life course perspective. Research in Higher Education, vol. 58, no. 5, 497–519, doi: 10.1007/s11162-016-9438-7.

Neun, Oliver 2020: Vom »Theorienpluralismus« zur »Multiparadigmatik«. Zur Genese der These der »Multiparadigmatik« in der Soziologie. SOZIOLOGIE, 49. Jg., Heft 1, 23–41.

Petersen, Alexander M / Jung, Woo-Sung / Yang, Jae-Suk / Stanley, H. Eugene 2011: Quantitative and empirical demonstration of the Matthew effect in a study of career longevity. PNAS, vol. 108, no. 1, 18–23.

Plümper, Thomas / Schimmelfenning, Frank 2007: Wer wird Prof – und wann? Berufungsdeterminanten in der deutschen Politikwissenschaft. Politische Vierteljahresschrift, 48. Jg., Heft 1, 97–117, doi: 10.1007/s11615-007-0008-7.

Preuß, Stefanie 2017: Drittmittel für die Forschung. Grundlagen, Erfolgsfaktoren und Praxistipps für das Schreiben von Förderanträgen. Wiesbaden: Springer Gabler, doi: 10.1007/978-3-658-16452-2.

Quine, Willard Van Orman 1975: Natürliche Arten. In Willard Van Orman Quine, Ontologische Relativität und andere Schriften. Stuttgart: Reclam, 157–189.

Ritzer, George 1975: Sociology. A Multi-Paradigm Science. Boston: Allyn & Bacon.

Santos, João / Horta, Hugo / Li, Huan 2022: Are the strategic research agendas of researchers in the social sciences determinants of research productivity? Scientometrics, vol. 127, no. 7, 3719–3747.

Schröder, Martin / Lutter, Mark / Habicht, Isabel M. 2021: Publishing, signaling, social capital, and gender. Determinants of becoming a tenured professor in German political science. PLOS ONE, vol. 16, no. 1, e0243514, doi: 10.1371/journal.pone.0243514.

Schwabe, Ulrike / Jungbauer-Gans, Monika 2021: Forschung zum wissenschaftlichen Nachwuchs in Deutschland. Ein Überblick. Personal in Hochschule und Wissenschaft entwickeln: Forschung nutzen, Heft 1, 99–114.

Seel, Martin 2006: Lob der Einzelforschung oder: Auszüge aus dem Wörterbuch des universitären juste milieu. Neue Rundschau, 117. Jg., Heft 2, 41–53.

Sembritzki, Thorben / Jungbauer-Gans, Monika 2023: Sich wandelnde Spielregeln auf dem Weg zur Professur. In Franziska Wächter / Anett Hermann (Hg.), Karrieren in der Wissenschaft. Die Spielregeln im akademischen Berufsfeld. Stuttgart: Kohlhammer, 91–109.

Wagner, Caroline S. / Horlings, Edwin / Whetsell, Travis A. / Mattsson, Pauline / Nordqvist, Katarina 2015: Do Nobel laureates create prize-winning networks? An analysis of collaborative research in physiology or medicine. PLOS ONE, vol. 10, no. 8, e0134164, https://doi.org/10.1371/journal.pone.0134164.

Wagner, Gerhard 2013: Paradigmen, Inkommensurabilität und Emergenz. Kuhns *Structure* als Problem der Soziologie. Zeitschrift für Theoretische Soziologie, 2. Jg., Heft 1, 135–153.

Wagner, Gerhard 2022: The mutualistic structure of citizen science. A working hypothesis. Methodus, 11. Jg., Heft 1, 30–45.

Wagner, Gerhard / Klassert, Pascal / Wagner, Muriel 2023: Determinanten wissenschaftlicher Karrieren. Auf dem Weg zu einer einheitlichen Theorie im Anschluss an Pierre Bourdieu. die hochschule, 32. Jg., Heft 1-2, 189–201.

Weber, Max 1919: Wissenschaft als Beruf. München, Leipzig: Duncker & Humblot.

Whitley, Richard 1976: Umbrella and polytheistic scientific disciplines and their elites. Social Studies of Science, vol. 6, no. 3/4, 471–497.

Wissenschaftsrat 2008: Pilotstudie Forschungsrating Soziologie. Abschlussbericht der Bewertungsgruppe. https://www.wissenschaftsrat.de/, letzter Aufruf am 10. Mai 2024.

Wu, Jiang / Ou, Guiyan / Liu, Xiaohui / Dong, Ke 2022: How does academic education background affect top researchers' performance? Evidence from the field of artificial intelligence. Journal of Informetrics, vol. 16, no. 2, 101292.

Wuchty, Stefan / Jones, Benjamin F. / Uzzi, Brian 2008: The increasing dominance of teams in production of knowledge. Science, vol. 316, no. 5827, 1036–1039.

Zimmer, Lena M. 2018: Das Kapital der Juniorprofessur. Einflussfaktoren bei der Berufung von der Junior- auf die Lebenszeitprofessur. Wiesbaden: Springer.

Soziologie, 53. Jg., Heft 4, 2024, S. 446–465

Das Fach Soziologie im CHE Ranking 2024/2025

Sonja Berghoff, Jörg Blasius, Thomas Hinz, Marc Hüsch, Saskia Ulrich und Tobias Wolbring

unter Mitwirkung von Andreas Damelang, Julia Hahmann, Linda Dürkop-Henseling, Till Hovestadt, Stephan Lessenich, Carsten Stark, Isabel Steinhardt, Paula-Irene Villa Braslavsky, Hanna-Lena Wilmes, Christof Wolf und Frank Ziegele

Einleitung

Das primäre Ziel des CHE Hochschulrankings ist es, Studienanfängerinnen und Hochschulwechsler über die Studienmöglichkeiten und -bedingungen in den jeweiligen Fächern zu informieren. Dies geschieht anhand einer vergleichenden Darstellung der Studienangebote. Seit 1998 trägt das gemeinnützige CHE (Centrum für Hochschulentwicklung) mit diesem Ansatz jährlich relevante Informationen über Studiengänge, Fachbereiche, Hochschulen und deren Standorte zusammen. Sie werden seit 2005 in Kooperation mit der Wochenzeitung DIE ZEIT veröffentlicht.

Das CHE Hochschulranking unterscheidet sich von anderen deutschen und angelsächsischen Rankings: Es ist strikt fachbezogen, mehrdimensional und bietet eine umfassende Darstellung der Hochschulen und Studiengänge aus verschiedenen Perspektiven. Damit ist eine differenzierte Gegenüberstellung an den jeweiligen Hochschulen möglich. Besonders bemerkenswert ist, dass keine einzelnen Rangplätze ausgewiesen, sondern die Werte in Spitzen-, Mittel- und Schlussbereiche unterteilt werden.

Darüber hinaus verfolgt das CHE Ranking einen multiperspektivischen Untersuchungsansatz: Es analysiert und präsentiert sowohl objektive Daten zur Studiensituation als auch subjektive Einschätzungen der Studierenden. Diese werden durch eine Kombination verschiedener Untersuchungsmethoden und auf der Grundlage verschiedener Datenquellen ermittelt. So entsteht ein komplexes und umfassendes Bild der Situation an den Hochschulen. Die vollständigen Ergebnisse des Hochschulrankings sind online im Portal *HeyStudium*[1] kostenfrei verfügbar. Nach der Auswahl des Faches werden die Ergebnisse für diejenigen Hochschulen angezeigt, die ein Studium im ausgewählten Fach anbieten. Die in den Ranking-Listen voreingestellten Kriterien können durch die Nutzer:innen je nach Interessenlage individuell angepasst werden. Insgesamt ergibt sich eine hohe Informationsvielfalt, die bei der Wahl des passenden Hochschulstudiums helfen soll. Ein Teil der Ergebnisse wird darüber hinaus im ZEIT Studienführer abgedruckt (Print oder ePaper), einem Sonderheft des Wochenmagazins DIE ZEIT.

Mit dem vorliegenden CHE Ranking, dessen Datenerhebungen im Wintersemester 2023/24 stattfanden, endet für das Fach Soziologie eine über zehn Jahre andauernde Phase des selbst gewählten Ausstiegs. Mit dem Jahr 2012 hatten viele Soziologiestandorte die Mitwirkung an der Datenerhebung eingestellt. Damals standen vor allem methodische Schwächen des CHE Rankings in der Kritik (Vorstand der DGS 2012; Stergiou, Lessenich 2013). Diese umfasste die Operationalisierung von Begriffen, die Fragebogenentwicklung, die Datenerhebung und -auswertung. Insbesondere war die Belastbarkeit der Studierendenbefragung umstritten. Die Schwachpunkte anzugehen und es damit dem Fach Soziologie zu ermöglichen, wieder am CHE Ranking teilzunehmen, war der Auftrag einer Arbeitsgruppe, die aus Mitgliedern von CHE, der DGS und der Akademie für Soziologie bestand. Im Rahmen dieses Beitrages wird ein Überblick über den intensiven Arbeitsprozess und die methodischen Anpassungen gegeben, die zur Wiederaufnahme des Fachs Soziologie ins CHE Ranking 2024 geführt haben.

Wiederaufnahme des Fachs Soziologie ins CHE Ranking 2024

Bereits im Jahr 2021 begannen die Vorüberlegungen, wie ein methodisch und inhaltlich tragfähiges Konzept aussehen könnte, mit dem das Fach Soziologie im CHE Ranking belastbar und informativ abgebildet werden kann.

1 https://heystudium.de/ranking

Nach einem Vorgespräch im Februar 2021, an dem die damaligen Vorsitzenden der beiden Fachgesellschaften Prof. Dr. Birgit Blättel-Mink (DGS) und Prof. Dr. Holger Lengfeld (AS) teilnahmen, konstituierte sich am 14. April 2021 ein Fachbeirat für das Fach Soziologie. Wie im Vorgespräch vereinbart, wurden für diesen Fachbeirat jeweils zwei Professor:innen, zwei Vertreter:innen des akademischen Mittelbaus sowie zwei studentische Mitglieder von den Fachgesellschaften nominiert. Zusätzlich wurde der Berufsverband Deutscher Soziologinnen und Soziologen e.V. (BDS) zur Teilnahme am Fachbeirat eingeladen.

Zusammensetzung des Fachbeirates und der Arbeitsgruppen

Der CHE Fachbeirat Soziologie setzte sich aus 17 Mitgliedern zusammen:

Dr. Sonja Berghoff	CHE
Prof. Dr. Jörg Blasius	Universität Bonn
PD Dr. Andreas Damelang	Universität Erlangen-Nürnberg
Prof. Dr. Julia Hahmann	Hochschule RheinMain
Dr. Linda Dürkop-Henseling	Universität Kiel
Prof. Dr. Thomas Hinz	Universität Konstanz
Till Hovestadt	Universität Leipzig
Dr. Marc Hüsch	CHE
Prof. Dr. Stephan Lessenich	Universität Frankfurt am Main
Prof. Dr. Carsten Stark	Hochschule Hof
Prof. Dr. Isabel Steinhardt	Universität Paderborn
Saskia Ulrich	CHE
Prof. Dr. Paula-Irene Villa Braslavsky	LMU München
Hanna-Lena Wilmes	TU Dortmund
Prof. Dr. Tobias Wolbring	Universität Erlangen-Nürnberg
Prof. Dr. Christof Wolf	GESIS
Prof. Dr. Frank Ziegele	CHE

Unter Berücksichtigung der zentralen Kritikpunkte der Ausstiegsdiskussion vor über zehn Jahren und vielfältigen Veränderungen der CHE Methodik seither fand ein reger Austausch mit anschließender Anpassung der Erhebungsinstrumente und Methoden statt. Drei Felder wurden dabei als besonders entwicklungs- und abstimmungsbedürftig identifiziert: (Fach-)Profile, berufliche Qualifizierung im Studium und die Studierendenbefragung.

Zu diesen drei Themen wurden separate Arbeitsgruppen gebildet, deren Aufgabe es war, Erhebungsinstrumente und Methoden für diese Bereiche vorzuschlagen. Die AG *Profile* bestand aus den Fachbeiratsmitgliedern Andreas Damelang, Stephan Lessenich, Saskia Ulrich, zusätzlich für eine Sitzung Cort-Denis Hachmeister vom CHE. Die AG *Berufliche Qualifizierung* bildeten Sonja Berghoff, Linda Dürkop-Henseling, Thomas Hinz, Carsten Stark, Saskia Ulrich sowie Hanna Wilmes. Für die AG *Studierendenbefragung* nahmen von den Fachbeiratsmitgliedern Sonja Berghoff, Jörg Blasius, Julia Hahmann, Thomas Hinz, Till Hovestadt, Marc Hüsch, Isabel Steinhardt, Saskia Ulrich, Tobias Wolbring und Christof Wolf teil.

Nach mehrmaligen getrennten Sitzungen der drei Arbeitsgruppen wurden die Ergebnisse im Gesamtfachbeirat ausführlich diskutiert. Des Weiteren fand ein erstes bilaterales Gespräch zwischen CHE und Jörg Blasius zur Auswertungsmethode bei der Studierendenbefragung statt, woraus eine weitere AG bestehend aus Jörg Blasius, Thomas Hinz, Marc Hüsch, und Tobias Wolbring hervorging. Deren Ergebnisse werden voraussichtlich im nächsten Heft der SOZIOLOGIE ausführlich vorgestellt.

In der dritten Sitzung des Gesamtbeirates am 15. Februar 2022 wurden die Ergebnisse des Arbeitsprozesses festgehalten und das weitere Vorgehen wurde vereinbart. Im Rahmen dieser Sitzung wurde darüber hinaus eine Stellungnahme des Fachbeirats formuliert, die die Wiederaufnahme der Soziologie ins CHE Ranking 2024 vorsah. Die Erhebung der Ranking-Daten ist abgeschlossen, erste Ergebnisse wurden inzwischen publiziert (DIE ZEIT 2024).

Im Studienführer 2024/25 der ZEIT werden für die Soziologie folgende Angaben gemacht:

- die Studierendenzahl,
- das Studierendenurteil zur allgemeinen Studiensituation
- sowie eine Gruppenzuordnung für die Unterstützung am Studienanfang.

Neben diesen drei Kriterien gibt es online auf der Plattform HeyStudium noch 14 weitere Indikatoren.

Abbildung 1: Kompaktliste im ZEIT Studienführer (Auszug)

UNIVERSITÄT

Soziologie

3 von 17 Kriterien:

Unterstützung am Studienanfang

Allgemeine Studiensituation

Zahl der Studierenden

STAND 2024

RWTH Aachen	160	★★★★☆
Uni Bamberg	320	★★★★☆
TU Berlin	400	—
Uni Bielefeld		
	480	★★★★☆
Uni Rostock	280	★★★½☆
Uni Trier	470	★★★½☆
Uni Tübingen	700	★★★½☆
Uni Vechta	120	—
Uni Wuppertal	750	★★★☆☆

14 weitere Kriterien: heystudium.de/soz

Beteiligt sich eine Fakultät nicht am Ranking, sind nur die Daten ausgewiesen, die ohne ihre Mitwirkung zu ermitteln sind. Bei »Zahl der Studierenden« wurden teils Daten aus der CHE-Befragung und teils Daten des Statistischen Bundesamtes herangezogen.

Quelle: DIE ZEIT (2024)

In der Liste werden in alphabetischer Reihenfolge alle Universitäten aufgeführt, für die mindestens zwei der hier angeführten drei Angaben vorliegen. Der Stand der Datenerhebungen wird im Listenkopf genannt, das Studierendenurteil zur »Allgemeinen Studiensituation« im 5-Sterne-Format dargestellt, ein grauer Querstrich in diesem Feld bedeutet, dass es für eine Bewertung nicht genug Angaben gab. Die letzte Spalte besteht aus eingefärbten Kästchen und enthält eine Bewertung der Unterstützung am Studienanfang. In Abbildung 1 ist die Spitzengruppe grau, die Mittelgruppe weiß und die Schlussgruppe schwarz gefärbt.[2] Link und QR-Code unter der Tabelle führen zur Darstellung des Fachs Soziologie bei HeyStudium.

2 In der Print-Ausgabe des Studienführers steht bei dieser Einteilung Grün für die Spitzengruppe, Gelb für die Mittelgruppe und Rot für die Schlussgruppe.

Darstellung unterschiedlicher Profile für die Studienangebote im Bereich der Soziologie

Abfrage der angebotenen Ausrichtung

Zur besseren Orientierung können Studieninteressierte in der Online-Darstellung des Rankings mögliche Schwerpunkte für die spätere Rankingliste filtern, die Liste wird auf die Fachbereiche komprimiert, die mindestens einen Studiengang mit dem entsprechenden Schwerpunkt anbieten. Im Rahmen der Fachbereichsbefragung wurde dabei für alle Studiengänge der Soziologie erfragt, ob sie der Soziologie, den Sozialwissenschaften oder der Sozioökonomik zuzuordnen sind. So wurden 44 Fachbereiche der Soziologie und 23 der Sozialwissenschaften zugeordnet. Da die Ausrichtung Sozioökonomik universitär meistens nicht der Soziologie, sondern etwa den Wirtschaftswissenschaften zugeordnet wurde, die diesmal nicht befragt wurden, und da nur ein Fachbereich der einbezogenen Standorte sich hier einordnete, fehlt in der Erhebung ein wesentlicher Teil der entsprechenden Angebote. Die präsentierte Auswahl wurde daher auf Soziologie und Sozialwissenschaften beschränkt.

Spezielle Soziologien

Erfasst wurde in der Fachbereichsbefragung das Angebot spezieller Soziologien anhand einer Auswahlliste auf Grundlage der DGS-Sektionen: Agrar- und Ernährungssoziologie, Arbeits- und Industriesoziologie/Arbeitsmarkt- und Wirtschaftssoziologie, Bildungssoziologie, Europasoziologie, Familiensoziologie, Geschlechtersoziologie, Kultursoziologie, Medien- und Kommunikationssoziologie, Medizin- und Gesundheitssoziologie, Migrationssoziologie, Organisationssoziologie, Politische Soziologie, Rechtssoziologie, Religionssoziologie, Sozialstruktur-/Ungleichheitsanalyse, Soziologie der Sozialpolitik, Soziologie des Alters, Stadtsoziologie, Umweltsoziologie, Wissenschafts- und Techniksoziologie. Zudem gab es ein Textfeld zur Ergänzung weiterer Soziologien durch die befragten Institute und Fachbereiche.

Die erhaltenen Angaben erscheinen nur bedingt belastbar: Einige Institute haben über 15 spezielle Soziologien ausgewählt, was zwar bei manchen größeren Standorten realistisch sein mag, aber für andere, kleinere Standorte nicht. Für zukünftige Erhebungen wird eine Maximalgrenze der am Standort vertretenen speziellen Soziologien erwogen.

Fachliche Ausrichtung / Lehrprofil

Zur Darstellung der fachlichen Ausrichtung der Bachelor-Studiengänge wurden die Fachbereiche gebeten, das Lehrprofil anhand der mindestens zu erbringenden und maximal möglichen erwerbbaren Credits in Pflicht-/ Wahlpflichtmodulen in den nachfolgend genannten sechs Schwerpunkten zu beschreiben:

- Soziologische Theorien
- Quantitative Methoden
- Qualitative Methoden
- Mixed Methods
- Lehrforschung / Projektseminar
- Spezielle Soziologien

Die fachliche Ausrichtung wird auf HeyStudium im Reiter Details bei den Studiengängen als Balkengraphik mit den oben aufgeführten sechs Kategorien dargestellt. Die Balkenlänge entspricht der Summe der Pflicht- und Wahlpflichtcredits, der Teil der Pflichtcredits ist hellgrün und jener der Wahlpflichtcredits dunkelgrün eingefärbt.

Berufliche Qualifizierung im Studium

Zur Darstellung der Möglichkeiten der beruflichen Qualifizierung im Studium wurden mehrere Fragen entwickelt, die unter anderem angebotene berufsqualifizierende und interdisziplinäre Pflichtveranstaltungen, Voraussetzungen für und Unterstützung bei der Durchführung eines Praktikums oder externe Abschlussarbeiten zum Thema hatten. Nach Durchsicht der Daten wurde im Fachbeirat entschieden, diese nicht zu veröffentlichen, sondern für die Weiterentwicklung dieses Fragenblocks zu nutzen. Veröffentlicht wurden aus diesem Bereich für die aktuelle Erhebung nur die Statistik-, Daten- und Textanalyse-Software, die am Standort/Fachbereich gelehrt wird sowie deren Verfügbarkeit.

Weitere Indikatoren aus der Befragung der Fachbereiche

Abschlüsse in angemessener Zeit

Dieser Indikator erfasst den Anteil der Absolventinnen und Absolventen, die ihren Studienabschluss in »angemessener Zeit«, das heißt in der Regelstudienzeit oder ein bis zwei Semester länger, erreicht haben. Dies kann Hinweise darauf geben, inwieweit die Studierbarkeit im jeweiligen Studiengang gegeben ist.

Unterstützung am Studienanfang

Dieser Indikator erfasst verschiedene Unterstützungsmaßnahmen für Studierende in der Studieneingangsphase. Er setzt sich aus den vier Bewertungsaspekten »Kompetenzangleichung/Kompetenzaufbau«, »Orientierung«, »Flexibilisierung« und »Begleitung/Beratung« zusammen. Für die einzelnen Aspekte wurden Kriterien entwickelt, die mit unterschiedlichen Punkten bewertet und zu einem Gesamtwert zusammengefasst werden. Als Datenquelle dient die Fachbereichsbefragung. Die Gruppenzuordnung erfolgt anhand festgelegter Punktwerte.

Datenerhebung bei den Studierenden

Erhebungsprozess

Ein zentrales Problem früherer Datenerhebungen im Rahmen des CHE Ranking bestand darin, dass sich die Fallzahlen und auch die Teilnahmequoten an den Universitäten stark unterschieden. Die konkreten Rahmenbedingungen an einzelnen Standorten, in denen die Studierendenbefragung stattfand, gab Anlass, an der Verlässlichkeit der Daten zu zweifeln. Mitunter gab es Standorte mit nur wenigen Teilnehmenden, jedoch auffällig guten Bewertungen. Obwohl ein solches empirisches Muster grundsätzlich denkbar ist, mag es hierbei vereinzelt zu Manipulationsversuchen gekommen sein.

Um die Belastbarkeit der Daten zu erhöhen und eine möglichst hohe Beteiligung von Studierenden zu erreichen, wurden die Hochschulen gebeten ein standardisiertes Verfahren für die Einladungen zu verwenden: Nach dem ersten Einladungsschreiben sollten mindestens zwei Erinnerungsmails (in einem Abstand von jeweils ca. zehn Tagen) an die Studierenden verschickt werden. Die Vorgaben orientieren sich dabei an der Tailored Design Method von Dillman (1978; vgl auch Dillman, Smyth, Christian 2014). Da die Anschriften beziehungsweise E-Mail-Adressen der Studierenden sowie die Angaben zum jeweiligen Fachsemester ausschließlich bei den Hochschulen vorliegen und das CHE keinen Zugriff auf Adressen von Studierenden hat, wird die Erhebung unter Mitwirkung der örtlichen Studierendensekretariate beziehungsweise der Immatrikulationsbüros durchgeführt. Die Beantwortung des Fragebogens ist ausschließlich online möglich. Der Zugang erfolgt über ein individuelles Passwort, das die Studierenden von ihrer Hochschule erhalten.

Studierendenfragebogen

Der Studierendenfragebogen wurde durch den Fachbeirat umfassend begutachtet und es wurden Veränderungen an den Items und Formulierungen vorgenommen. Damit wurden Kriterien umgesetzt, die in der Umfrageforschung schon seit den 1950er Jahren (Payne 1951) bekannt sind und im deutschsprachigen Raum unter anderem von Porst (2014) anhand von vielen Beispielen ausführlich diskutiert wurden. In Abstimmung zwischen dem CHE und dem Fachbeirat wurde dabei festgelegt, dass Bewertungen zu folgenden Studienaspekten erhoben und im Ranking dargestellt werden sollen (insgesamt 14 auf der Studierendenbefragung basierende Indikatoren):

- Allgemeine Studiensituation
- Lehrangebot
- Studienorganisation
- Betreuung durch Lehrende
- Unterstützung im Studium
- Prüfungsorganisation
- Räume
- Bibliotheksausstattung
- IT-Ausstattung
- Digitale Lehrelemente
- Einführung in wissenschaftliches Arbeiten
- Praxisorientierung der Lehre
- Angebote zur Berufsorientierung
- Unterstützung für Auslandsaufenthalte

Im Zuge der Überarbeitung des Fragebogens wurden verschiedene fachspezifische Gesichtspunkte bei der Itembildung für die einzelnen Studienaspekte berücksichtigt, wie zum Beispiel die »Möglichkeit zur Anwendung von Methoden des wissenschaftlichen Arbeitens bzw. eigenständiger Forschung im Rahmen von Lehrveranstaltungen« beim Indikator »Einführung in wissenschaftliches Arbeiten«. Inhaltliche Anpassungen bei den Einzelitems wurden auf Rat des Fachbeirats zudem bei den Indikatoren »Lehrangebot«, »Betreuung durch Lehrende«, »Unterstützung im Studium«, »Räume«, »Bibliotheksausstattung«, »Praxisorientierung der Lehre« und den »Angeboten zur Berufsorientierung« vorgenommen.

Befragungsrücklauf

Für die Studienbewertung wurden Studierende in den grundständigen Soziologie-Studiengängen ab dem dritten Fachsemester bis einschließlich zwei Semester über Regelstudienzeit angeschrieben. Die Befragung wurde während der Vorlesungszeit im Wintersemester 2023/24 durchgeführt, wobei die Hochschulen den Startzeitpunkt individuell festlegen konnten. Insgesamt haben sich im Fach Soziologie 39 Universitäten an der Studierendenbefragung beteiligt. Von insgesamt 9.115 angeschriebenen Studierenden haben 1.274 Studierende den Fragebogen ausgefüllt. Damit liegt die Rücklaufquote im Fach bei 14 Prozent. Von diesen 1.274 Studierenden haben 1.107 Studierende (86,9 %) den Fragebogen beendet, die anderen 167 haben die Teilnahme im Laufe der Befragung abgebrochen.

Das neu vorgegebene standardisierte Einladungserfahren hatte fachübergreifend insgesamt positive Effekte auf den Rücklauf. Im Vergleich zur letzten Befragung in den untersuchten Fächern (im Wintersemester 2020/21) erhöhte sich die Rücklaufquote insgesamt von 17,3% auf 18,7% in allen Fächern. Leider liegt für das Fach Soziologie im Fächervergleich eine unterdurchschnittliche Rücklaufquote vor. Die mit Abstand beste Rücklaufquote wurde im vergangenen Wintersemester für das Fach Pharmazie verzeichnet, wie anhand von Tabelle 1 zu sehen ist.

Tabelle 1: Rücklaufquoten ausgewählter Fächer bei der Studierendenbefragung im Wintersemester 2023/24

Fach	Angeschrieben	Rücklauf	Rücklaufquote
Pharmazie	5.738	1.703	29,7 %
Chemie	8.070	1.864	23,1 %
Geographie	5.416	1.038	19,2 %
Insgesamt	211.091	39.473	18,7 %
Politikwissenschaft	15.703	2.602	16,6 %
Soziologie	9.115	1.274	14,0 %
Sportwissenschaft	13.962	1.783	12,8 %

Die Gründe für die insgesamt geringe Rücklaufquote im Fach Soziologie können vielfältig sein. Ein Grund könnte mit der fehlenden Erfahrung der Fachbereiche aus der Soziologie mit dem CHE Hochschulranking in den vergangenen Jahren zusammenhängen. Des Weiteren ist die Motivation der Studierenden nach Erfahrungen des CHE für die Erzielung hoher Rücklaufquoten in der Studierendenbefragung zentral. Da die derzeitigen Studierenden der Soziologie mit dem CHE Hochschulranking bislang lediglich in Einzelfällen in Berührung gekommen sind, und möglicherweise aufgrund der Nicht-Teilnahme des Faches in den vergangenen Jahren eine eher negative Haltung haben, könnten sie der Erhebung gegenüber skeptisch gewesen sein. Das gleiche gilt insbesondere auch für die an den Fachbereichen Verantwortlichen für die Durchführung des Rankings, die in den meisten Fällen die bis dato kritische Haltung der Soziologie gekannt haben. Auch wenn über die Gründe der Nicht-Teilnahmen aufgrund fehlender Informationen keine belastbaren Aussagen gemacht werden können, ist es für zukünftige Erhebungen sehr wichtig, die Ausschöpfungsrate deutlich zu erhöhen.

Es besteht die Hoffnung, dass die Wiederbeteiligung der Soziologie dazu führt, dass zukünftige Studierende nun bereits bei ihrer Studienwahl mit dem CHE Hochschulranking in Berührung kommen, und gegenüber einer Teilnahme an der Studierendenbefragung zukünftig positiv eingestellt sind. Dies gilt insbesondere dann, wenn die Wiederbeteiligung von den Fachverbänden, den Hochschulen und insbesondere den soziologischen und sozialwissenschaftlichen Fachverbänden an den Universitäten positiv aufgenommen und kommuniziert wird.

Auswertung der Ergebnisse

Bei der Auswertung der Daten überprüft das CHE verschiedene Kriterien, um zu entscheiden, ob für einen Fachbereich (das heißt die Institution einer Universität, die ein entsprechendes Fach anbietet) Ergebnisse der Studierendenbefragung ausgewiesen werden können. Dabei wird die Rücklaufquote und die Gesamtfallzahl eines Fachbereichs betrachtet, also die Rücklaufzahl über alle Studiengänge eines Fachbereichs zusammengerechnet. In den Fachbeiratssitzungen für das Fach Soziologie wurden die bislang vom CHE verwendeten Kriterien kritisch diskutiert, und es wurde eine deutliche Verschärfung der Kriterien vereinbart. Angesichts der schlechten Gesamtrücklaufquote im Fach wurde jedoch ausnahmsweise vom Fachbeirat toleriert, dass die existierenden Kriterien (die bisher für alle anderen Fächer angewandt werden) in dieser Erhebungsrunde auch für das Fach Soziologie verwendet werden. Deshalb wurden in diesem Jahr Ergebnisse ausgewiesen, wenn folgende Kriterien erfüllt wurden:

1. Die Rücklaufzahl beträgt insgesamt mindestens 15.
2. Bei einer Rücklaufzahl zwischen 15 und 50 beträgt die Rücklaufquote mindestens 10 Prozent.

Für die nächste Erhebungsrunde muss jedoch eine deutliche Verbesserung erreicht werden, sodass verschärfte Richtlinien hinsichtlich der absoluten Rücklaufzahl und der Rücklaufquote zum Einsatz kommen können. Dafür ist wichtig, dass die soziologischen und sozialwissenschaftlichen Fachbereiche an den Universitäten von der neuen wissenschaftlichen Qualität der CHE Erhebung überzeugt werden.

Die Rücklaufdaten für die Soziologie an den verschiedenen Universitaten im Wintersemester 2023/24 sind in Tabelle 2 zusammengefasst. Insgesamt konnten nach Anwendung der nur für diese Erhebung zugelassenen Regeln Ergebnisse für insgesamt 27 von 39 Universitäten ausgewiesen werden. Bei neun Fachbereichen lag die Rücklaufzahl insgesamt unter 15, an drei weiteren Fachbereichen mit Rückläufen zwischen 15 und 50 lag eine Rücklaufquote von weniger als 10 Prozent vor.

An den Universitäten in Leipzig, Konstanz, Jena, Darmstadt, Bamberg und Trier konnten besonders gute Rücklaufquoten von mehr als 20 Prozent bei einem gleichzeitig ausreichenden absoluten Wert erreicht werden. Für zukünftige Befragungen sollten diese Werte zum Standard werden.

Tabelle 2: Rücklaufzahlen bei der Studierendenbefragung an den Soziologie-Instituten der 39 teilnehmenden Universitäten

Hochschule	Angeschrieben	Rücklauf	Rückl.quote
Uni Leipzig	215	100	47 %
Uni Bamberg	95	33	35 %
Uni Vechta*	50	14*	28 %
Universität Konstanz	248	62	25 %
Universität Trier	108	27	25 %
Universität Jena	219	54	25 %
TU Darmstadt	150	34	23 %
Universität Mannheim	190	36	19 %
Universität Wuppertal	213	40	19 %
Universität Heidelberg	182	34	19 %
RWTH Aachen	365	67	18 %
Universität Mainz	233	40	17 %
Universität Rostock	181	30	17 %
Universität Koblenz	121	19	16 %
Universität Kassel	138	21	15 %
LMU München	489	74	15 %
Universität Münster	451	66	15 %
Universität Köln	368	53	14 %
Universität Halle-Wittenberg	276	37	13 %
Universität Bayreuth*	30	4*	13 %
Universität Bremen	179	22	12 %
TU Dresden	163	20	12 %
Universität Tübingen	283	34	12 %
Universität Gießen	169	20	12 %
Universität Frankfurt am Main	522	61	12 %
TU Chemnitz*	80	9*	11 %
Universität Osnabrück*	98	11*	11 %
TU Berlin*	127	14*	11 %

Hochschule	Angeschrieben	Rücklauf	Rückl.quote
Katholische Universität Eichstätt-Ingolstadt-(Standort Eichstätt)*	56	6*	11 %
Universität Göttingen	470	47	10 %
Universität Potsdam	181	18	10 %
Universität Marburg	194	19	10 %
Universität Erlangen-Nürnberg (Standort Erlangen)	399	38	10 %
Universität Hannover*	269	24	9 %*
Universität Freiburg*	124	11*	9 %*
Universität Bielefeld*	499	30	6 %*
TU Braunschweig*	146	8*	5 %*
Universität Kiel*	504	27	5 %*
Universität Duisburg-Essen (Standort Duisburg)*	250	10*	4 %*

*Anm.: Mit * markierte Fachbereiche wurden auf Grund einer zu geringen Fallzahl bzw. einer zu geringen Rücklaufquote nicht in die Auswertung einbezogen.*

Auch hinsichtlich des Auswertungsverfahrens bei der Studierendenbefragung wurden umfassende Änderungen vorgenommen. Nach dem bisherigen Vorgehen des CHE, das bis zum Jahr 2022 fächerübergreifend Verwendung fand, wurden die Ergebnisse der Studierendenbefragung pro Indikator mit einem relativen Ranking-Verfahren in drei Gruppen einsortiert (Spitzengruppe, Mittelgruppe, Schlussgruppe). In die Spitzengruppe wurden jene Fachbereiche einsortiert, die aus statistischer Sicht besser als der bundesweite Mittelwert im Fach waren (überdurchschnittlich). In die Schlussgruppe wurden die Fachbereiche mit einem unterdurchschnittlichen Ergebnis eingruppiert. Dies hatte einerseits zur Folge, dass auch Fachbereiche mit einer insgesamt recht guten Bewertung eine Schlussgruppenplatzierung bekommen konnten, wenn der bundesweite Mittelwert im Fach insgesamt sehr gut war. Gerade für Fachbereiche mit kleinen Fallzahlen liegen zudem häufig große Konfidenzintervalle vor, weshalb die Einteilung in die Gruppen eine zum Teil nicht vorhandene Genauigkeit suggeriert hat. So wurden Fachbereiche mit kleinen Fallzahlen mit dem Verfahren häufig der Mittelgruppe zugeordnet, weil das breite Konfidenzintervall den Mittelwert im Fach überdeckt hat.

Ab dem Ranking 2023 hat das CHE auch auf Rat des Fachbeirats Soziologie die Auswertung bei der Studierendenbefragung auf ein absolutes Rating-Verfahren umgestellt. Dieses neue Verfahren adressiert nicht nur das Problem einer vermeintlichen Genauigkeit der Gruppenbildung, sondern korrespondiert auch enger mit den in der Studierendenbefragung erhobenen Daten. Denn die Studierenden werden in der Befragung darum gebeten, verschiedene Aspekte des Studiums auf einer fünfstufigen Rating-Skala zu bewerten. Die Einzelitems werden über eine Indexbildung verdichtet. Die Indexwerte der Studierendenurteile entsprechen dem (ungewichteten) arithmetischen Mittel der Einzelbewertungen. Auf Fachbereichsebene wird dann die Durchschnittsbewertung der befragten Studierenden ausgewiesen, zum Beispiel 4,7 von 5 Sternen. Zudem gibt es online eine farbige Hinterlegung, die grob verdeutlichen soll, ob die Bewertungen der Studierenden mehrheitlich eher positiv, im mittleren Bereich oder negativ sind. Eine positive Bewertung von (auf halbe Sterne gerundet) 4 Sternen oder mehr wird deshalb grün hinterlegt, eine Bewertung von gerundet 2,5 bis 3,5 Sternen wird gelb hinterlegt, und eine Bewertung von gerundet 2 Sternen oder schlechter wird rot hinterlegt. Ein Vergleich mit dem bundesweiten Mittelwert im Fach entfällt. Die Sterne-Darstellungen sind der Zielgruppe aus verschiedenen Online-Bewertungsportalen bekannt und auf einen Blick verständlich. Mit dem neuen Verfahren wird zudem sichergestellt, dass gute Bewertungen der Studierenden und eine hohe Zufriedenheit auch im Ranking sichtbar werden. Zudem wird auf der jeweiligen Studiengangsseite im Portal HeyStudium von DIE ZEIT dargestellt, wie viele Studierende sich an der Befragung beteiligt haben. Dies erhöht die Transparenz der Ergebnisse.

In Tabelle 3 werden Lage und Streuung der Bewertungen der Studierenden im Fach Soziologie für die 14 verschiedenen untersuchten Studienaspekte dargestellt. Für jeden Indikator wird einerseits das arithmetische Mittel der Bewertungen über alle Studierenden im Fach Soziologie angegeben, die gültige Angaben zu diesem Indikator gemacht haben. Zudem wird die Verteilung der (auf halbe Sterne gerundeten) Mittelwerte auf Fachbereichsebene dargestellt. Anhand von Tabelle 3 wird ersichtlich, dass die Bewertungen der Studierenden im Fach Soziologie insgesamt eher positiv sind.

Tabelle 3: Lage und Spreizung der Bewertungen für die verschiedenen Indikatoren der Studierendenbefragung im Fach Soziologie

Indikator	Mittelwert	Verteilung der Bewertungen (Anzahl der Fachbereiche bei Rundung auf halbe Sterne)								
		5 ★	4,5 ★	4 ★	3,5 ★	3 ★	2,5 ★	2 ★	1,5 ★	1 ★
Allgemeine Studiensituation	3,8 ★	0	0	14	11	2	0	0	0	0
Lehrangebot	3,8 ★	0	0	16	10	1	0	0	0	0
Studienorganisation	4,0 ★	0	8	12	7	0	0	0	0	0
Betreuung durch Lehrende	3,8 ★	0	1	16	9	1	0	0	0	0
Unterstützung im Studium	3,7 ★	0	0	9	17	1	0	0	0	0
Prüfungsorganisation	3,7 ★	0	0	12	14	1	0	0	0	0
Räume	3,7 ★	0	1	13	10	3	0	0	0	0
Bibliotheksausstattung	4,0 ★	0	3	19	5	0	0	0	0	0
IT-Ausstattung	3,8 ★	0	0	15	12	0	0	0	0	0
Digitale Lehrelemente	3,5 ★	0	0	5	17	5	0	0	0	0
Einführung in wiss. Arbeiten	4,0 ★	0	4	15	7	0	0	0	0	0
Unterstützung für Auslandsaufenthalte	3,6 ★	0	1	5	8	2	0	0	0	0
Angebote zur Berufsorientierung	3,0 ★	0	0	1	6	10	8	0	0	0
Praxisorientierung der Lehre	3,2 ★	0	0	2	7	14	2	0	0	0

Die besten Mittelwerte im Fach werden bei den Indikatoren »Studienorganisation«, »Bibliotheksausstattung« und »Einführung in wissenschaftliches Arbeiten« erzielt (jeweils 4,0 von 5 Sternen). Am schlechtesten bewertet werden die »Angebote zur Berufsorientierung« (3,0 von 5 Sternen). Auch die Ergebnisse auf Fachbereichsebene sind mehrheitlich im grün hinterlegten Bereich. Beispielsweise erreichen bei der »Allgemeinen Studiensituation« 14 von 27 Fachbereichen eine Bewertung von gerundet 4 Sternen. Beim Indikator »Studienorganisation« erreichen acht Fachbereiche sogar eine Bewertung von 4,5 Sternen; dies ist der Höchstwert im Vergleich der verschiedenen Indikatoren. Auffällig ist auch, dass kein Fachbereich bei einem der Indikatoren eine mittlere Bewertung von 2 Sternen oder schlechter erzielt (roter Bereich). Nur bei den »Angeboten zu Berufsorientierung« (8 Fachbereiche) und bei der »Praxisorientierung der Lehre« (2 Fachbereiche) erhalten einige Fachbereiche eine Bewertung von gerundet 2,5 Sternen. Bei diesen beiden Indikatoren fallen die Ergebnisse im Fach insgesamt deutlich schlechter aus als bei allen anderen Indikatoren.

Insgesamt lässt sich festhalten, dass die Studierenden der Soziologie mit ihrem Studium größtenteils zufrieden sind. Besonders gilt dies mit Blick auf die Kernindikatoren wie das »Lehrangebot«, die »Studienorganisation« oder die »Betreuung durch Lehrende«.

Damit die Ergebnisse für das Fach Soziologie besser eingeordnet werden können, werden in Abbildung 2 noch die Ergebnisse in den anderen 14 untersuchten Fächern gezeigt. Für die 14 verschiedenen Indikatoren aus der Studierendenbefragung ist neben der mittleren Bewertung für die Soziologie (schwarzes Quadrat) auch die mittlere Bewertung für das Fach Politikwissenschaft (graues Dreieck) sowie die Ergebnisse für alle anderen Fächer (weiße Punkte) dargestellt.

Abbildung 2: Durchschnittliche Bewertungen bei der Studierendenbefragung im Wintersemester 2023/24 im Fächervergleich für die 14 verschiedenen Indikatoren

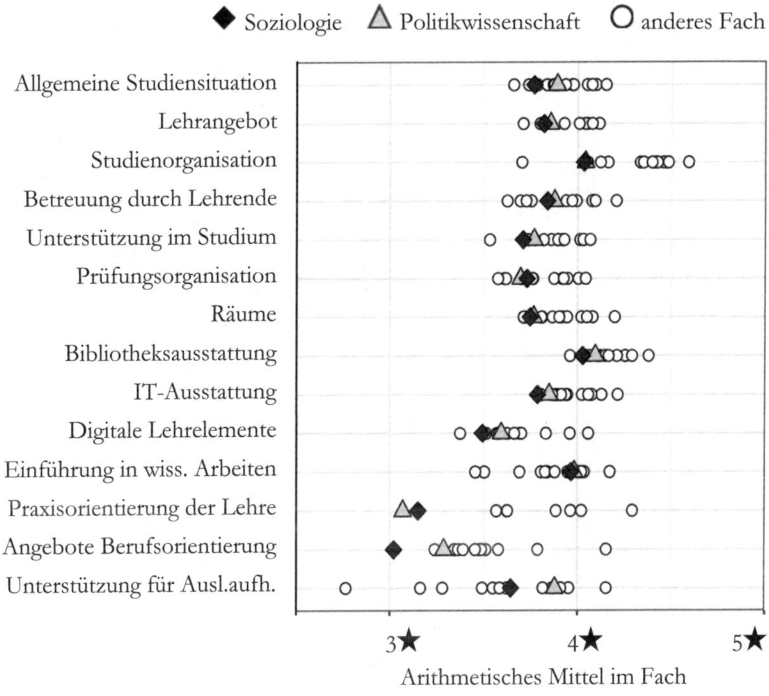

Bei den meisten Indikatoren liegen die mittleren Bewertungen für das Fach Soziologie zwar im Bereich von 3,5 bis 4,0 Sternen, aber im Vergleich der Fächer sind sie im unteren Mittelfeld. Dabei wurden die »Studienorganisation« und die »Bibliotheksausstattung« im Vergleich der Indikatoren mit 4,0 von 5 Sternen am besten von den Studierenden der Soziologie bewertet, aber auch bei diesen Indikatoren liegt das Fach im unteren Bereich. In den anderen Fächern wurden diese Indikatoren häufig noch etwas besser bewertet als in der Soziologie. Anders sieht es bei der »Einführung in wissenschaftliches Arbeiten« aus, die von den Soziologie-Studierenden ebenfalls im Mittel mit 4,0 von 5 Sternen bewertet wurde. Hier liegt das Fach im Fächervergleich auf einem der vorderen Plätze. Verhältnismäßig schlecht werden im Fach hingegen die »Praxisorientierung der Lehre« und insbesondere die »Angebote zur Berufsorientierung« bewertet. Bei letzterem Indikator liegen für kein anderes Fach im Mittel schlechtere Bewertungen vor.

Auffällig ist im Fächervergleich zudem, dass sich die mittleren Bewertungen der Soziologie-Studierenden und der Studierenden im Fach Politikwissenschaft für die verschiedenen Indikatoren häufig ähneln. Wie in der Soziologie gibt es auch im Fach Politikwissenschaft vergleichsweise gute Bewertungen bei der »Einführung in wissenschaftliches Arbeiten«. Die »Praxisorientierung in der Lehre« und die »Angebote bei der Berufsorientierung« werden hingegen in beiden Fächern eher mäßig bewertet.

Die Ergebnisse für die Einzelitems der Studierendenbefragung, deren Ausfallraten sowie weitere tiefere statistische Analysen werden in einem weiteren Beitrag in der nächsten Ausgabe dieser Zeitschrift vorgestellt.

Fazit

Das Fach Soziologie nimmt nach mehr als zehnjähriger Unterbrechung wieder an dem CHE Ranking teil – mit dem Ziel, Studieninteressierten möglichst einschlägige und belastbare Informationen zu den Hochschulstandorten mit grundständigen Soziologieprogrammen bereit zu stellen. Diesem Wiedereinstieg ging ein umfangreicher und produktiver Arbeitsprozess in einem inklusiv zusammengesetzten Fachbeirat voraus. Das Erhebungsprogramm wurde komplett überarbeitet und viele Indikatoren an die Situation im Fach Soziologie angepasst. Ein besonderes Augenmerk lag dabei auf der Durchführung der Studierendenbefragung, bei der eine weitgehende Standardisierung der Erhebungssituation angestrebt wurde.

Sehr erfreulich ist, dass fast alle Anbieter von Studiengängen im Fach Soziologie an der Erhebung im Jahr 2023 flächendeckend mitwirkten. Mit einer Rücklaufquote bei der Studierendenbefragung von etwa 14% liegt das Fach Soziologie zwar hinter den meisten Fächern zurück, bei der Auswertung der Daten wurde jedoch darauf geachtet, eine Mindestbeteiligung sowie eine Mindestfallzahl an den Hochschulstandorten sicherzustellen. Im Ergebnis des inzwischen veröffentlichten CHE Rankings zeigt sich ein überwiegend erfreuliches Bild hinsichtlich der studentischen Bewertung der allgemeinen Studienbedingungen, was hoffentlich dazu beiträgt, Hochschulzugangsberechtigte für das Fach zu gewinnen. Studieninteressierte können hierzu auf dem Portal HeyStudium Ergebnisse zu insgesamt 17 Dimensionen abrufen und erhalten mittels sehr differenzierter Darstellungen passgenaue Informationen.

Der Prozess der stetigen Verbesserung und Weiterentwicklung des Rankings soll auch in Zukunft fortgeführt werden. Die Mitglieder des Fachbeirats haben verabredet, bei der nächsten Befragungsrunde in drei Jahren noch in der Diskussion befindliche sowie nicht befriedigend umgesetzte Aspekte aus der bisherigen Beiratstätigkeit aufzugreifen und vor allem darauf hinzuwirken, die Beteiligung an der Studierendenbefragung zu erhöhen. Mit dem CHE Ranking 2024/25 ist das Fach Soziologie zumindest wieder im Fächerspektrum des einzigen Informationsportals für Studieninteressierte in Deutschland repräsentiert, das fachlich angemessene Kriterien aus Studierendensicht zugrunde legt.

Literatur

DIE ZEIT 2024: DIE ZEIT Studienführer 2024/25. Hamburg: Zeitverlag Gerd Bucerius.

Dillman, Don A. 1978: Mail and Internet Surveys: The Tailored Design Method. New York: John Wiley.

Dillman, Don A. / Smyth, Jolene D. / Christian, Leah Melani 2014: Internet, phone, mail, and mixed-mode surveys: The tailored design method. New York: Wiley.

Payne, Stanley L. 1951: The Art of Asking Questions. Princeton: University Press.

Porst, Rolf 2014: Fragebogen. Ein Arbeitsbuch. 4. Aufl. Wiesbaden: Springer VS.

Stergiou, Konstantinos I. / Lessenich, Stephan 2013: On impact factors and university rankings: from birth to boycott. Ethics in Science and Environmental Politics, vol. 13, no. 1, 1–11. doi: 10.3354/esep00141

Vorstand der DGS 2012: Wissenschaftliche Evaluation ja – CHE-Ranking nein. Methodische Probleme und politische Implikationen des CHE-Hochschulrankings. SOZIOLOGIE, 41. Jg., Heft 4, 458–465.

Termine zum 42. Kongress der DGS 2025 in Duisburg

Deadlines für Plenar-, Sektions- und Adhoc-Veranstaltungen

15.12.2024	Meldung der Sektionsveranstaltungen mit Sektionsnamen, Veranstaltungstitel, Namen und Mailadressen der Organisator:innen sowie der aktuellen Anzahl der Sektionsmitglieder und der erwarteten Teilnehmer:innenzahl bei der Veranstaltung (pro Sektion bis zu zwei Veranstaltungen, unabhängig von Kooperationen) per E-Mail an das Kongressbüro: Anne Walter, anne.walter@uni-due.de.
28.02.2025	Anträge auf Ad-hoc-Gruppen (die Einreichung der Anträge ist ab 01.02.2025 möglich)
Ende März 2025	Benachrichtigung der Ad-hoc-Gruppen über Annahme oder Ablehnung
31.03.2025	Bewerbungen auf die Calls zu den Plenarveranstaltungen. Bitte per E-Mail an die jeweiligen Juror:innen
11.05.2025	Meldungen von Referent:innen, Vortragstitel und Zusendung der Abstracts für Plenar-, Sektions-, und Adhoc-Veranstaltungen

Kongressanmeldung

01.04.2025	Beginn der Anmeldephase
31.05.2025	letzter Tag der Anmeldungen zum Early-Bird-Tarif

Informationen zum Ende der Online-Anmeldephase, zum Procedere der Einreichung sowie zu eventuellen Terminänderungen finden Sie rechtzeitig auf der Homepage des Kongresses unter www.kongress2025.soziologie.de

Stellungnahme zur Listung der DGO als »extremistische Organisation« durch den Obersten Gerichtshof in Russland

Mit Beschluss vom 7. Juni 2024 hat der Oberste Gerichtshof in Russland die in Berlin ansässige Deutsche Gesellschaft für Osteuropakunde (DGO) als »extremistische Organisation« und als Teil einer »antirussischen separatistischen Bewegung« gelistet. Gemäß § 282 (2) Strafgesetzbuch der Russischen Föderation können Mitglieder dieser Gesellschaft zu einer Haftstrafe von bis zu zwölf Jahren verurteilt werden. Das gilt nicht nur für russische Staatsbürger:innen.

Die Deutsche Gesellschaft für Soziologie protestiert entschieden gegen diesen Beschluss und diese Einstufung. Wir sehen keinen Anlass für eine solche Einstufung, handelt es sich bei der DGO doch um eine über 100jährige, allseits anerkannte wissenschaftliche Vereinigung zur Osteuropaforschung. Der Beschluss des Obersten Gerichtshofs in Russland stellt einen massiven Eingriff in die Wissenschaftsfreiheit dar.

Der Vorstand der Deutschen Gesellschaft für Soziologie fordert das Auswärtige Amt auf, die russische Regierung und den Obersten Gerichtshof in Russland dazu zu bewegen, diese Listung aufzuheben.

Essen, 5. August 2024

Aus dem DGS-Vorstand

Liebe Mitglieder der Deutschen Gesellschaft für Soziologie,
anhand von Kamelen und Dromedaren lassen sich durchaus feine Unterschiede gesellschaftlicher Gegenwartsanalyse bestimmen, so haben wir es bei Steffen Mau und seinen beiden Mitautoren Thomas Lux und Linus Westheuser in deren Band »Triggerpunkte« gelernt. Nicht zuletzt durch solch eingängige Bilder, vor allem aber durch die daran erkennbaren soziologischen Einsichten hat Steffen Mau konstant seit vielen Jahren erheblich zur breiten Wahrnehmung der Soziologie beigetragen. Das genuin soziologische Geschäft des (empirischen) Verstehens und (theoretisch fundierten) Erklärens gesellschaftlicher Konflikte hat Steffen Mau auf derart griffige und allgemein verständliche Formen gebracht, dass er Sachbuchpreise oder den Communicator-Preis des Stifterverbands gewonnen, aber auch ein außerordentlich breites Publikum gefunden hat, im Kleinen der Stadtteile in Ost und West wie im Großen zum Beispiel der Politik (Kanzleramt). Dabei hat Steffen Mau die soziologische Expertise immer zur Abkühlung erhitzter Polemiken und zur Erweiterung manch ideologisch-dogmatischer Blicke zum Einsatz gebracht.

Eingebracht hat ihm dies nun einen weiteren Preis: Die DGS zeichnet Steffen Mau mit dem *Preis für herausragende Leistungen auf dem Gebiet der öffentlichen Wirksamkeit der Soziologie* aus und freut sich schon jetzt auf seine Preisrede zum Abschluss des Duisburger DGS-Kongresses 2025!

Mit dem *Preis für ihr Lebenswerk* würdigen wir die großartige Kollegin Elisabeth Beck-Gernsheim, die ihn ebenfalls 2025 überreicht bekommt – leider nicht persönlich, das lässt ihr Gesundheitszustand nicht zu. Elisabeth Beck-Gernsheim gehört zu den wirkmächtigsten Soziologinnen im deutschsprachigen Raum überhaupt. Ihre Arbeiten zur gesellschaftlichen Modernisierung und Individualisierung von Geschlechterverhältnissen, zum Wandel der Familie oder zur Relevanz von biopolitischen Technologien haben ganze Forschungsfelder begründet beziehungsweise gestaltet, auch ihre Forschung zu Migration waren und bleiben wegweisend. Am 13. Dezember 2024 findet ihr zu Ehren ein soziologisches Symposium an der Ludwig-Maximilians-Universität in München statt, organisiert von Maria Rerrich und Paula-Irene Villa Braslavsky und unterstützt von zahlreichen Sektionen sowie vom Vorstand der DGS (s. auch Seite 498 in diesem Heft).

Auf der profan-operativen, ebenso wichtigen Ebene freuen wir uns, mit Anne Walter eine neue Koordinatorin für den kommenden DGS-Kongress in Duisburg begrüßen zu dürfen. Anne Walter hat sich bereits mit vollem

Engagement in die Arbeit gestürzt und wird zusammen mit Diana Lengersdorf aus dem DGS-Vorstand, der Geschäftsstelle der DGS sowie dem Duisburger Orgateam um Helen Baykara-Krumme, Anette Schönborn und Katrin Rinaldi die nächsten Schritte hin zum turnusgemäßen Höhepunkt des DGS-Kalenders in die Wege leiten. Es geht alles seinen guten Orga-Gang!

Nach langjähriger und für die DGS ausgesprochen substanzieller Arbeit in der DGS-Ethikkommission möchte der Vorstand Gertrud Nunner-Winkler und Hans-Georg Soeffner einen besonderen Dank aussprechen. Das enorme Erfahrungswissen zweier Granden des Fachs war ein Gewinn für die Kommission. Ihnen werden von der TU Dortmund Angelika Poferl sowie von der LMU München Hella von Unger nachfolgen. Beide sind einschlägig ausgewiesen und wir danken beiden Kolleginnen ganz herzlich für die Übernahme dieses Amtes. Wir freuen uns auf die kommenden Jahre des intensiven Diskurses in der Sache.

Erneut haben wir uns als Fachgesellschaft mit einer Stellungnahme an die Öffentlichkeit gewandt. Mit Beschluss vom 7. Juni 2024 hat der Oberste Gerichtshof in Russland die in Berlin ansässige Deutsche Gesellschaft für Osteuropakunde (DGO) als »extremistische Organisation« und als Teil einer »antirussischen separatistischen Bewegung« gelistet. Unseren Protest finden Sie auf Seite 467.

Ansonsten gilt wie immer: *We'll keep you informed!* Beachten Sie unsere Präsenz in den sozialen Medien, alle wichtigen Infos über Stellenausschreibungen, Neuerscheinungen, Tagungen oder medialen Einlassungen von Soziolog:innen finden Sie auf Mastodon – unter derselben Adresse wie bei X [@DGSoziologie], bei Instagram, facebook und bluesky. Wir nehmen dafür gern Ihre Hinweise entgegen. Auch um die Kommunikationen zwischen den DGS-Sektionen besser zu gestalten, können auf unseren Kanälen die Veranstaltungen der einzelnen Sektionen sehr gut nachverfolgt werden. Natürlich wird die Social Media Präsenz der DGS wie auch unsere Homepage www.soziologie.de stets auf dem neuesten Stand gehalten.

Wenn Sie etwas wissen oder kommentieren möchten, melden Sie sich bei der Geschäftsstelle. Marcel Siepmann (marcel.siepmann@soziologie.de oder marcel.siepmann@kwi-nrw.de, beide Adressen bleiben vorerst gültig) ist Ihr/Euer Ansprechpartner, insbesondere hinsichtlich organisatorischer und verbandsinterner Abläufe. Alle Vorstandsmitglieder sind selbstverständlich auch ansprechbar, Sie finden uns über die Website.

Herzliche Grüße, auch im Namen der Vorstandskolleg:innen,
Paula-Irene Villa Braslavsky

Veränderungen in der Mitgliedschaft

Neue Mitglieder

Dr. Claire Bullen, Tübingen
Paula Edling, Berlin
Prof. Dr. Nina Erdmann, Köln
Dr. Luis Manuel Hernández Aguilar, Frankfurt (Oder)
Adrian Hans Albrecht Krieger, Heidelberg
Monika Leichtling, Bremen
Francesca Xiaoxuan Rieker, München
Tim Salzer, Gießen
Anna Schelling, Köln
Jacqueline Schneider, Frankfurt am Main
Alexander Schröder, Hagen
Daniel Schumann, Bochum
Dr. Christian Ungruhe, Passau
Siavash Valizadeh, Berlin
Julius Wiegand, M.A. , Dortmund

Neue studentische Mitglieder

Maris Graff, Bremen
Julian Koptisch, Frankfurt am Main
Marie-Luise März, Frankfurt am Main
Fredrik Norén, Braunschweig
Mia Unverzagt, Freiburg
Lisa Wunsch, Wuppertal

Austritte

Evin Ay, Bad Salzuflen
Anna Best-Kubik, M.A., Trebur
Dr. Katherine Braun, Osnabrück
Franziska Caggese, Potsdam

Dr. Sarah Dangendorf, Hannover
Dr. Dorothee Dersch, Hamburg
Prof. Dr. Karin Dollhausen, Würselen
Simon Dombrowski, Hamburg
Nele Ehrenberg, Hamburg
Thomas Enns, Erfurt
Michelle Epps, Bayreuth
Dr. Silvana Karina Figueroa-Dreher, Konstanz
Julian Fricke, M.A., Tübingen
Dr. André Grow-Böser, Köln
PD Dr. habil. Eddie Hartmann, Hamburg
Dr. Eric Cornelis Hendriks-Kim, Wiesbaden
Annika Henrizi, M.A., Marburg
Dr. Stefan Holubek-Schaum, Bremen
Jonas Howeihe, Jena
Prof. Dr. Michael Hutter, Berlin
Dr. Till Jansen, Witten
Jacqueline Klesse, Siegen
Aurora Li, Hamburg
Prof. Pierre-Carl Link, Zürich
Dr. Hildegard Matthies, Berlin
Apl. Prof. Dr. Bärbel Meurer, Bielefeld
Lars Jannik Karlson Mojem, M.A., Berlin
Dr. Klaus Pforr, Mannheim
Moritz Plewa, M.A., Frankfurt (Oder)
Lucas Rateitschak, Frankfurt am Main
Jakob Roschka, M.A., Kassel
Dipl.-Soz. Maren Sauermann, Darmstadt
Prof. Dr. Elisabeth Schilling, Hannover
Ronja Schröder, M.A., Oldenburg
Dr. Barbara Skripski, Berlin
Dr. Nhat An Trinh, Berlin
Oday Uraiqat, Bielefeld
Apl. Prof. Dr. Dr. Heinz-Günter Vester, Icking
Prof. Dr. G. Günter Voß, München
Dr. Patricia Ward, Dresden
Johannes Wellhöfer, Bamberg
Pascal Wolf, Frankfurt am Main

Verstorben

PD Dr. Helmut Brentel, Frankfurt am Main
PD Dr. Elisabeth Meyer-Renschhausen, Berlin
Prof. Dr. Michael von Engelhardt, Erlangen

Sektion Migration und ethnische Minderheiten

Digitale Frühjahrstagung »Aktuelle Forschungsprojekte zu Migration und ethnischen Minderheiten« am 25. und 26. April 2024

Ziel der offenen Frühjahrstagung war es, ein Forum für die Vorstellung aktueller Projekte im Themenbereich der Sektion zu bieten. An der Organisation wirkten Eva Bahl (Göttingen), Johannes Becker (Berlin), Catharina Peeck-Ho (Boston/Oldenburg) und Nils Witte (Wiesbaden) mit.

Der erste Tag behandelte zum einen Forschung, die die Positionierung migrantisierter Gruppen in den Vordergrund stellte, sowie zum anderen Projekte, die den Fokus auf die gesellschaftlichen Subsysteme Gesundheit, Bildung und Arbeitsmarkt legten.

Im ersten Panel *Positionierungen migrantisierter Gruppen* diskutierte *Rouven Reineck* (Dresden) »Biographische Konstruktionen im Kontext von Fluchtmigration und Spuren eines biographischen Eigensinns«. Ausgehend von seinem Dissertationsprojekt analysierte er die vielschichtigen Konstruktionsleistungen von Fluchterfahrung in Biographien. Im zweiten Vortrag des Panels stellten *Lotta Schwedler* und *Birgit Behrensen* (beide Cottbus) unter dem Titel »Wie fühlt es sich für Schutzsuchende an, in der Peripherie Brandenburgs ein Zuhause zu gestalten? Und was haben Schutzsuchende davon, dies uns Forschenden aus der Dominanzkultur zu erzählen?« ihr Forschungsprojekt auch mit Blick auf praxisorientierte Strategien zum Umgang mit den Erfahrungen von Schutzsuchenden vor. *Moritz Möller*s (Kassel) Vortrag »Narrative Identitäten von jungen Erwachsenen in der postmigrantischen Gesellschaft« zielte auf ein besseres Verständnis der Herausforderungen der Lebensgestaltung in Deutschland anhand der Darstellung des Falles eines jungen Geflüchteten. *Yannic Wexenberger* und *Martina Kanovich* (beide Wien) sprachen zu »Selbstpositionierungen migrantisierter Arbeiter:innen und deren gesellschaftliche Vermittlung am Beispiel rumänischer Staatsbürger:innen in Österreich«. Damit eröffneten sie den Blick auf eine Gruppe, die in der deutschen Forschungslandschaft zunehmend thematisiert wird.

Im zweiten Panel *Perspektiven auf Gesundheit, Bildung und Arbeit (I)* wurden Erfahrungen von Migrant*innen mit Blick auf Institutionen adressiert. Unter dem Titel »The making of loneliness in the Afro-diasporic community in Germany« analysierte *Sabine Diabaté* (Wiesbaden) die gesundheitlichen Konsequenzen längerer Perioden von Einsamkeit und zeigte, dass Migrant*innen aus der Afro-Diaspora davon besonders betroffen sind. *Luisa Perdomo Lopez* (Braunschweig) schlussfolgerte in ihrer Präsentation unter dem Titel

»Zur Situation geflüchteter schwangerer Frauen in Deutschland – wie gestalten sich konkrete Maßnahmen zur adäquaten Gesundheitsversorgung?«, dass in diesem gesundheitspolitischen Handlungsfeld Verbesserungsbedarf besteht. Auch der Vortrag von *Christine Baur* (Wolfenbüttel) »Schule als sicherer Ort – Perspektiven auf Mehrsprachigkeit, Erziehungspartnerschaft und multiprofessionelle Kooperation« wies auf aktuelle Herausforderungen im Umgang mit Flucht und Migration hin. *Sven Broschinski* und *Martin Heidenreich* (Oldenburg) stellten abschließend Auswertungen zu »Overeducation among EU and Third-Country immigrants in Europe: The role of institutions, policies and culture« vor.

Am zweiten Tag rückten europäische Perspektiven in den Fokus. Dabei beleuchteten die vorgestellten Forschungsprojekte Migrationspolitiken und -diskurse sowohl aus mikro- als auch aus makrosoziologischen Perspektiven. Der zweite Teil des Panels *Perspektiven auf Gesundheit, Bildung und Arbeit (II)* legte den Fokus auf Arbeitsbedingungen und -verhältnisse. *Ingrid Jungwirth* und *Marius Glassner* (beide Kleve) stellten ihre Projektergebnisse zum Thema »Transnationale Arbeitsmigration in der Euregio Region Rhein Waal – eine Untersuchung in der Fleischindustrie und in der Landwirtschaft« vor. *Ebru Sarikaya* (Mannheim) fragte »Do financial institutions discriminate against minority entrepreneurs?« und diskutierte ein Untersuchungsdesign für experimentelle Untersuchungen.

Im Panel *Transnationale Migration in Europa und ihre Folgen* diskutierte *Zoé Perko* (Berlin) im Vortrag »The borders of the world II: Conflicts and tensions in the formation of macro-territorial borders« Forschungsergebnisse zu den drei sehr verschiedenen Migrationsregimen von Mercosur, der Westafrikanischen Wirtschaftsgemeinschaft ECOWAS und der Europäischen Union. *Christian Schramm* (Bochum) präsentierte Ergebnisse des Forschungsprojekts »Zuwanderung aus Südosteuropa. Teilhabe & Zusammenhalt auf kommunaler Ebene ermöglichen (Zusudo)«. *Nils Witte* (Wiesbaden) stellte unter der Überschrift »Do European migrants act and feel more European than global migrants?« empirische Untersuchungen zu international mobilen Deutschen vor.

Im fünften Panel *Migrationspolitik in Diskurs und Praxis auf nationaler und kommunaler Ebene* diskutierte *Bjarne von Gaessler* (München) unter dem Titel »Die Konstruktion von Geflüchteten im Geflecht unterschiedlicher Verwaltungsformen« die Rolle der »Andockstelle Verwaltung« für den Umgang mit Geflüchteten in bayerischen Großstädten. *Anna Kasten* (Jena) analysierte die »Migration Policy Practice in der Gemeinde Michałowo in Polen« und die

Frage von (nicht-professioneller) Hilfe für Geflüchtete, unter anderem durch die katholische Kirche, aus einer feministischen Perspektive. *Daniel Drewski* und *Jürgen Gerhards* (beide Berlin) stellten in ihrem Vortrag »Framing Refugees« die Frage, »How the admission of refugees is debated in six countries across the world«. Sie präsentierten die Ergebnisse einer vergleichenden Analyse der politischen Diskurse über die Aufnahme oder Ablehnung von Flüchtlingen in verschiedenen Ländern. Zuletzt diskutierte *Norbert Cyrus* (Osnabrück) in seinem Vortrag zu »Angebotsforschung zum Umgang mit irregulärer Migration: Das EU-geförderte Projekt MIrreM« ethische Herausforderungen bei der Erforschung von irregulärer Migration.

Debatten und Querschnittsthemen

Im Rückblick können wiederkehrende Motive ausgemacht werden, die aktuelle Debatten in der Migrationspolitik und Migrationsforschung widerspiegeln: Erstens stand die transnationale Vernetzung von Familien und die Entstehung transnationaler Räume durch grenzüberschreitende Mobilität im Vordergrund. Zweitens ging es um Formen der Diskriminierung, die gerade im Wettbewerb um Ressourcen, beispielsweise in der Gesundheitsversorgung, beim Zugang zu Krediten, zu gutem, bezahlbarem Wohnraum und zu guten und qualifikationsgemäßen Arbeitsplätzen zu Tage treten. Drittens wurde die Ungleichbehandlung unterschiedlicher Herkunftsgruppen im Kontext der EU und die Realisierung von EU-Bürgerschaftsrechten und viertens der Fokus auf Projekte deutlich, die sich Fragen konkreter Politikgestaltung und Beratung widmen. Die vorgestellten Projekte lenken die Aufmerksamkeit auf Phänomene sozialer Ungleichheit im Kontext von Migration. Sie reflektieren Strukturen und das Agieren gesellschaftlicher Akteure aus verschiedenen soziologischen Perspektiven und geben damit Denkanstöße für neue Sichtweisen und auch für Veränderungsbedarfe.

Die methodischen Zugänge der vorgestellten Projekte reichen von biographischen Interviews über halbstrukturierte Interviews bis zu surveybasierter Forschung und von Expert*innen-Interviews über Diskursanalysen bis zu Feld-Experimenten. Jeder dieser Zugänge kommt mit seinen eigenen Stärken und blinden Flecken – wir als Sektion möchten den Austausch darüber fördern und danken allen, die mit ihren Vorträgen und Kommentaren dazu beigetragen haben.

Eva Bahl, Johannes Becker, Catharina Peeck-Ho und Nils Witte

Sektion Wissenssoziologie

Sektionstagung »Technisierung von Wissen« am 18. und 19. März 2024 an der Technischen Universität Chemnitz

Nicht nur die Aktualität des Themas war ausschlaggebend für die Ausrichtung der Sektionstagung an der TU Chemnitz. Auch die Annahme, dass das Verhältnis von Technik und Wissen von systematischer Bedeutung sei, führte zur leitenden Frage: Wie lässt sich der Zusammenhang von Prozessen der Technisierung mit der Genese, Veränderung und Aneignung von Wissen beschreiben, verstehen und erklären? Ziel war zum einen mit den ca. 60 Teilnehmenden zu ergründen, welchen Anteil Prozesse der Technisierung an der gesellschaftlichen Bearbeitung, Veränderung und Hervorbringung von Wirklichkeit haben. Zum anderen sollte die Rolle der Sozial- und Geisteswissenschaften in umfassenden Technisierungsprozessen diskutiert werden.

Nach den Grußworten der Sektionsvorsitzenden *Angelika Poferl* (Dortmund) und der Prorektorin der TU Chemnitz *Anja Strobel* führten *Michael R. Müller* (Chemnitz) und *Silke Steets* (Nürnberg-Erlangen) in die von ihnen für die Sektion Wissenssoziologie organisierte Tagung ein. Sie wiesen zum einen darauf hin, dass Technik als ›Wissen wie‹ zwar selbst eine Form von Wissen sei, das zum Beispiel im habitualisierten Gebrauch von Werkzeugen weitergegeben werde. Zum anderen werden jedoch mit Hilfe zur Verfügung stehender Technik immer auch neues Wissen und neue Wissensprobleme hervorgebracht. Ferner unterbreiteten sie einen Vorschlag, Technisierungsprozesse in Hinblick auf explizites Wissen, auf praktisches Wissen und auf die noematischen Wissensbezüge des Handelns und Entscheidens zu diskutieren.

Im ersten Panel der Tagung stand die *Materialität digitalen Wissens* im Mittelpunkt. Den Auftakt machte *Ingo Schulz-Schaeffer* (Berlin), der in seinem Vortrag eine Typisierung von Formen jenes Wissens vorstellte, das in technische Artefakte und ihre Nutzungsweisen eingeschrieben ist. Dieses objektivierte Wissen kann ihm zufolge drei unterschiedliche Reichweiten haben: Skripte beziehen sich auf eine einzige Handlung, Rollen auf eine bestimmte Anzahl unterschiedlicher Handlungen und Affordanzen auf unbestimmt viele Handlungen. *Hannah Link* (Mainz) ging in ihrem Vortrag »Von der In-Skription zur Ko-Skription« der Frage nach, wie die Technisierung von Wissen als sozio-materielle Praxis aufgefasst werden kann. Anhand einer ethnografischen Untersuchung machte sie im Rekurs auf die Akteur-Netzwerk-Theorie deutlich, wie durch den Materialanteil eines Roboters dessen materielle und softwaretechnische Formgebung beeinflusst werde.

Sie schlussfolgerte, dass derartige Formgebungsprozesse als kollaborative Aushandlungspraxis zu verstehen seien.

Das zweite Panel der Tagung fokussierte die *Technisierung wissenschaftlichen Wissens.* Die methodologische Zugänglichkeit großer Datenmengen für die interpretativ-empirische Sozialforschung wurde von *Andreas Bischof* auf Basis einer Zusammenarbeit mit *Manuel Holz, Jochen Mayerl* (alle Chemnitz) und *Konstantin Freybe* (Leipzig) reflektiert. Bischof arbeitete Potenziale der Verknüpfung der Grounded Theory Methodologie mit unbeaufsichtigten, maschinellen Lernverfahren heraus: technische Werkzeuge können, so Bischof, stochastische Muster diagrammatisch abbilden, sodass sich relevante Informationen für den Forschungsprozess identifizieren lassen. Anschließend thematisierten *Anne K. Krüger* und *Ingmar Mundt* (beide Berlin) »die digitale Technisierung der Wissensproduktion«. Sie zeigten, wie Gebrauchsweisen von digitalen Daten und Infrastrukturen das Verständnis von Wissensproduktion beeinflussen. Die Verwendung von Daten zur Relationierung und Berechnung führe zu spezifischen Vorstellungen von Kalkulierbarkeit und Prognostizierbarkeit, beispielsweise im Kontext wissenschaftlicher Leistungsbeurteilung und humanitärer Krisenvorausschau.

Der zweite Tagungstag startete mit dem dritten Panel zum *Aufbau digitalen Wissens. Cornelius Schubert* (Dortmund) reflektierte die interdisziplinäre Zusammenarbeit von Soziologie und Informatik. Die soziologische Beteiligung an technischen Entwicklungsprojekten ermöglichte dem Referenten einen Einblick in die Wechselseitigkeit der Praktiken des Theoretisierens und Technisierens. Dabei seien sowohl Parallelitäten der Technikentwicklung und Theoriebildung als auch eine Grundspannung des »Probleme lösen und Lösungen problematisieren« deutlich geworden. *Sezgin Sönmez* und *René Tuma* (beide Berlin) beleuchteten anschließend in ihrem Beitrag »technisiertes Wissen über die Infrastrukturen des Internets«. Sie verdeutlichten, wie Wissen über Datenströme des Internets mittels technisierter Beobachtungsinstrumente erzeugt wird. Die räumliche Struktur des Internets werde dabei fortlaufend imaginiert, vermessen und gedeutet. Abgeschlossen wurde das Panel von *Anne Sonnenmoser* (Leipzig Chemnitz), die das Problem der Unsichtbarkeit jener Wissensformen fokussierte, die den Funktionsweisen von digitalen Technologien zu Grunde liegen. Die Referentin stellte eine Untersuchung von Computational Ontologies vor, in der sie Aspekte der Genese und Struktur des Aufbaus solcher Wissensordnungen rekonstruierte und die weitgehend unsichtbare konstitutive Funktion beteiligter Expert:innen verdeutlichte.

Das vierte Panel zu *Imaginationen digitaler Zukünfte* wurde mit einem Vortrag von *Andreas Hepp* (Bremen) eröffnet. Er zeigte, wie Pioniergemeinschaften mediale Diskurse um eine Wirkmächtigkeit neuer Technologien aus der San Francisco Bay Area initiieren. Sie befördern und legitimieren damit laut Hepp nicht nur die Weiterentwicklung sowie Verbreitung dieser Technologien, sondern prägen auch soziale Zukunftsvorstellungen. *Ajit Singh* und *Marie Marleen Heppner* (beide Bielefeld) stellten im Anschluss ihre These einer Technisierung von Planungswissen am Beispiel der kollaborativen Praxis von Architekt:innen und Ingenieur:innen vor. Planung wurde dabei als Kulturtechnik aufgefasst und deren Technisierung anhand von digitalen Methoden gezeigt. Sie skizzierten einen Wandel des Professionswissens hin zu einem planungsrelevanten Spezialwissen, das mit technisch implementierten Standardisierungen und Normierungen einhergehe.

Die Sektionstagung endete mit dem fünften Panel zu *Technisierten Identitäten*. *Roswitha Breckner* (Wien) fokussierte in ihrem Vortrag technisierte Möglichkeiten visueller Selbstthematisierung in Sozialen Medien. Bildhandeln sei dort nicht nur oftmals eng mit dem »gelebten Leben« verbunden, vielmehr werden »technisierte Biografien« Breckner zufolge in typologisch unterschiedlicher Weise ausgestaltet und eröffnen »biografische Denkräume«. Abschließend beschäftigte sich *Annalena Mittlmeier* (Wien) aus einer gedächtnissoziologischen Perspektive mit digitaltechnischen Artefakten, die versuchen, die Identität konkreter menschlicher Individuen zu imitieren. Sie legte anhand einer ethnografischen Analyse dar, dass Gedächtnis hierbei als statisches Reservoir von Erinnerungen technisiert werde. Die von *digitalen personae* hervorgebrachten Erzählungen seien daher auf die Wiedergabe von Daten beschränkt und somit keine Konstruktionen, die der Gegenwart entspringen.

Die Referent:innen der Tagung konnten durch ihre vielfältigen Beiträge zeigen, wie tiefgreifend durch den alltäglichen Gebrauch von (digitaler) Technik in die Strukturen gesellschaftlichen Wissens eingegriffen wird. Deutlich wurde insbesondere, dass Technisierung nicht nur neue Formen des Wissens und der Wissensproduktion hervorbringt, sondern auch bestehende Wissensformen transformiert und erweitert.

Paul Distler, Sabrina Tietz und Thore Zielke

In memoriam Walter Sprondel (28. März 1938 – 10. April 2024)

Am 10. April dieses Jahres starb wenige Tage nach seinem 86. Geburtstag der Tübinger Soziologe Walter M. Sprondel, ein Mitglied der zweiten Generation der bundesrepublikanischen Soziologie, deren Aufgabe es war, die nach 1945 In der Bundesrepublik neu als eigenständiges Fach etablierte Soziologie nach den innersoziologischen Richtungskämpfen der 60er Jahre und den gesellschaftspolitischen Auseinandersetzungen der Jahre um 1968/70 zu konsolidieren.

Sprondel gehörte freilich nicht zu den Soziologen, die sich leidenschaftlich und öffentlichkeitswirksam an Theorie- und Methodenstreitigkeiten beteiligen. Er wirkte lieber neben oder hinter der großen Hauptbühne der Fachdebatten. Er arbeitete nach seiner Habilitation in Konstanz Mitte der 70er Jahre vor allem als Ordinarius und akademischer Lehrer in Tübingen, mit nur gelegentlichen Gastspielen in Sektionen und kurzen Abstechern in den USA und in Schweden, und viele Jahre als Fach- und als Hauptgutachter für die DFG.

Sprondel wurde 1938 als Sohn einer ostelbischen Pfarrersfamilie geboren. Mit der Mutter, drei Schwestern und einem betagten Großvater – der Vater und drei ältere Brüder waren kriegsbedingt abwesend – musste der 7jährige Walter 1945 über die Oder und weiter nach Niedersachsen flüchten.

Zur Soziologie kam er auf einem Umweg: Die drei älteren, schon berufstätigen Brüder hatten die klassischen professionellen Berufe des Pfarrers, des Arztes und des Juristen gewählt. Diese Berufe waren also besetzt, wie er gerne erzählte. Um nach dem Abitur Zeit für die Entwicklung klarerer beruflicher Pläne zu gewinnen, verpflichtete er sich zunächst als Berufsoffizier in der noch jungen Bundeswehr. Drei Jahre später nahm er in Göttingen ein Jurastudium auf. Dieses sagte ihm aber nicht zu, 1961 entschloss er sich schließlich, in München Soziologie zu studieren.

Seine Lehrer waren anfangs E.K. Francis und M.R. Lepsius. Schon bald aber wurde er, lange vor seiner Promotion, Mitarbeiter von Johannes Winkelmann, dem Herausgeber der Schriften Max Webers und Nestor der Internationale der Weberforscher. So kam Sprondel früh und intensiv mit den Arbeiten Max Webers und mit der in den 60er Jahren enorm anschwellenden internationalen Weberforschung und -diskussion in Berührung. Es ist nicht übertrieben zu sagen: Er erhielt seine Schulung als Soziologe mit Max Weber.

Von Lepsius hatte er gelernt, dass moderne Gesellschaften am besten als *Industrie*-Gesellschaften analysiert werden. Max Weber suchte, darin Marx folgend, das Bewusstsein der Wirtschafts- und Sozialwissenschaften dafür zu schärfen, dass die Entstehung, die Struktur und die Dynamik von Industriegesellschaften sich nur verstehen lassen, wenn man die Logik des modernen Betriebskapitalismus und seine »Kulturbedeutung« in Rechnung stellt, und er bezog in seine Analysen, darin über Marx hinausgehend, den Einfluss des protestantischen »Berufsmenschentums« als Kern und Triebkraft der bürgerlichen Kultur ein. Ergebnis dieser frühen Jahre soziologischer Forschung waren unter anderem zwei von Johannes Winkelmann zusammen mit ihm herausgegebene, viel beachtete Taschenbuchbände, mit denen die Texte der »Protestantischen Ethik« und die Diskussion über Webers Thesen in den Jahren 1904 bis 1910 heutigen Lesern zugänglich gemacht wurden.[1]

Nach seiner Promotion mit einer Arbeit zur Professionalisierung der Lehrer übernahm Sprondel 1968 eine Stelle als Assistent von Thomas Luckmann in Frankfurt. Aus dem kleinen und friedlichen Münchner Max Weber Institut geriet er in Frankfurt in ein Zentrum der studentischen Protestbewegung, verbunden mit der Renaissance des Historischen Materialismus in der Soziologie und ausufernden Diskussionen über die unumgänglich werdende Hochschulreform. Besonders interessant war für ihn der Versuch der damaligen Frankfurter Soziologen, aus zwei konträr ausgerichteten Instituten, dem Seminar für Gesellschaftslehre in der wirtschaftswissenschaftlichen und dem Institut für Sozialforschung in der philosophischen Fakultät, trotz der heterogenen theoretischen und methodischen Ansätze so etwas wie ein modernes soziologisches Department zu machen. Dieser Versuch sollte 1972 eine ganz andere Lösung finden: Gegründet wurde ein Fachbereich Gesellschaftswissenschaften, der nicht mehr nach Fächern gegliedert war, sondern in »Betriebseinheiten« wie etwa »Produktion«.

1972 war Sprondel aber schon nicht mehr in Frankfurt. Er folgte 1971 Thomas Luckmann nach Konstanz. Noch in Frankfurt hatten sie mit der Arbeit an einem dann 1972 erschienenen Reader zur »Berufssoziologie« begonnen, der zu einem Standardwerk der Professionssoziologie in Deutschland wurde.

In Konstanz baute Sprondel zusammen mit Richard Grathoff das »Sozialwissenschaftliche Archiv« auf, das 2024 seinen 50. Geburtstag feiern

1 Diesen beiden Ausgaben ließen Sprondel und ich dann 1973 einen weiteren Band zur Aufnahme der »Protestantismus-Kapitalismus«-These Webers in der neueren Soziologie folgen.

konnte. Schwerpunkte dieses Archivs waren zunächst die Sicherung der Nachlässe der deutschsprachigen Emigranten, vor allem nach Amerika, und das Bemühen, ihren Beitrag zur Grundlegung der modernen Sozial- und Kulturwissenschaften auch in Deutschland bekannt zu machen. In der zweiten Hälfte der 70er Jahre wurde dann das thematische Spektrum der Archivarbeit erweitert. Kolloquien mit internationaler Beteiligung galten Werk und Wirkung von Alfred Schütz und Georges Gurvitch, Maurice Merleau-Ponty und Max Weber. Zu drei dieser Tagungen erschienen Sammelbände. Hinzu kam 1977 ein Buch Sprondels mit dem Briefwechsel zwischen Alfred Schütz und Talcott Parsons zur Theorie sozialen Handelns und später, aus Anlaß der Emeritierung von Thomas Luckmann, die 1994 von ihm herausgegebene Festschrift »Die Objektivität der Ordnungen und ihre kommunikative Konstruktion«.

Die Bedeutung des Konstanzer Archivs für die Soziologie wurde 2002 anerkannt, als die DGS es – gleichsam als Pendant zum »Zentralarchiv für empirische Sozialforschung« – als zentrale Einrichtung für die Dokumentation und Bearbeitung der Geschichte der Soziologie thematisch erweiterte und aufwertete. Für Sprondel hatte es von Anfang an außer Frage gestanden, dass die Kenntnis und die Reflexion der Geschichte des Fachs für eine Wissenschaft vom Zuschnitt der Soziologie und ebenso für das Studium der Soziologie unverzichtbar ist.

1978 erhielt Walter Sprondel einen Ruf an die Universität Tübingen, an das 1961 von Ralf Dahrendorf noch in der alten philosophischen Fakultät gegründete Soziologische Seminar, das seit 1972 zu der neu formierten Fakultät mit dem etwas überraschenden Namen »Fachbereich Sozial- und Verhaltenswissenschaften/Pädagogik« gehörte, und in den 80er Jahren in das heutige Institut für Soziologie umgewandelt wurde.

Sprondel konzentrierte sich nun vor allem auf seine Aufgaben als Institutsdirektor und als akademischer Lehrer. Er wurde zu einer zeitgemäß modernisierten Variante eines deutschen Ordinarius, nicht als Alleinherrscher in einem kleinen Reich, sondern selbst in der damals eher noch traditionalen Tübinger Universität ein Professor, der auch als Institutsdirektor als *primus inter pares* agiert. Für die nächsten 25 Jahre war er die prägende Persönlichkeit des Instituts. Sprondel versuchte, in dem relativ kleinen Tübinger Institut so etwas wie in soziologisches Department aufzubauen, in dem das Fach in seiner ganzen Bandbreite gelehrt wird – mit der in der Soziologie aus sachlichen Gründen notwendigen Vielfalt, aber ohne die üblichen oft künstlich zugespitzten Abgrenzungs- und Revierkämpfe.

Als akademischer Lehrer war Sprondel darauf eingestellt, dass auch in der Soziologie zunehmend Studenten und Studentinnen studieren, die auf ganz unterschiedliche Berufswege außerhalb der Wissenschaft und außerhalb der Universität vorbereitet werden wollen. In der kurzen Zeit des Studiums kam es also darauf, ihnen in Verbindung mit wichtigen sozialen und gesellschaftlichen Themen methodisch und methodologisch, begrifflich und theoretisch die besondere Perspektive der Soziologie als einer empirischen Wissenschaft zu vermitteln. Er selbst übernahm daher am liebsten die großen einführenden Vorlesungen, um dann auf den verschiedenen Stufen des Studiums an beispielhaften klassischen und aktuellen Studien und Untersuchungen die spezifische Forschungs- und Denkweise der Soziologie genauer einzuüben.

Nicht besonders anfreunden konnte er sich mit dem heute vor allem in der theoretischen Soziologie dominierenden Bild eines funktional differenzierten Gesellschaftssystems. Die Idee sozialer Systembildung galt ihm ebenso wie die Fragen funktionaler Analysen und funktionaler Erklärungen zwar als anregend und für ein heutiges Studium als unverzichtbar. Ihre Versprechungen waren aber mit der für Sprondel trotz aller Fortschritte der Soziologie als theoretischer und empirischer Wissenschaft stets maßgeblich gebliebenen Methodologie Max Webers nicht verträglich.

Sprondel begann vielmehr, die Hörer oder Leser auf Analysen konkreter empirischer und historischer Phänomene, wo immer es möglich und sinnvoll war, entsprechend der von Weber so bezeichneten »funktionalen Vorfragestellung« vorzubereiten. In einer eher trivialen Variante bedeutet diese spezifische eingegrenzte Verwendung funktionaler Analysen, dass man für die Thematik, mit der man es zu tun hat, sich erst einmal die Rollen klar macht, die die beteiligten Akteure entsprechend ihren Positionen und den geltenden Erwartungen »normalerweise« zu spielen haben, ehe man mit genaueren Analysen beginnt. In einer anspruchsvolleren Variante würde man sagen, dass hinter den behaupteten Funktionen sozialer Phänomene oder Tatsachen Zusammenhänge sozialen Handeln stehen – die hinsichtlich ihrer empirischen Triftigkeit besser überprüfbar sind.

In den 80er und 90er Jahren gewann Sprondel zunehmend den Eindruck, dass sich seine Vorstellungen eines kleinformatigen soziologischen Departments unter den in Tübingen gegebenen Bedingungen auch längerfristig nur schwer realisieren ließen. Daher zog er sich, nachdem er noch Dekan gewesen war, zunehmend aus der Selbstverwaltung der Fakultät und der Universität zurück. Für mehrere Jahre fungierte er erst als Fachgutachter und dann als Hauptgutachter für die DFG – eine, wie sich herausstellte, enorme und zeitraubende Aufgabe.

Sprondel widmete sich in seinen späten Jahren neben seinen Aufgaben als akademischer Lehrer lange liegen gebliebenen grundlagentheoretischen Studien. Ihm waren immer die besondere Bedeutung der Soziologie als Grundlagenwissenschaft des Sozialen und ihre Begründungsbedürftigkeit als theoretische und empirische Wissenschaft bewusst. Mit einer gründlichen Untersuchung zur Sozialanthropologie Plessners, an der er auch nach seiner Pensionierung 2003 mehrere Jahre noch intensiv arbeitete, wollte er zeigen, dass sich in Plessners Lebenswerk der Ansatz einer besseren sozial- und kulturtheoretischen Begründung der Soziologie finden lässt, als sie die heute in der Soziologie dominierenden Sozialtheorien anzubieten vermögen, und ebenso eine adäquate sozialphilosophische Fundierung der Soziologie, die Weber mit seinem Spätwerk als eine »verstehende« Soziologie und eine empirische Sozialwissenschaft zur Geltung bringen wollte.

Dieses Alterswerk konnte Walter Sprondel wegen mehrerer schwerer Erkrankungen leider nicht mehr zum Abschluss bringen.

Constans Seyfarth

In memoriam Harrison C. White (21. März 1930 – 19. Mai 2024)

Im Dezember 2007 eröffnete Harrison C. White mit seinem Vortrag eine Konferenz an der Universität Luzern aus Anlass des zehnjährigen Erscheinens von Niklas Luhmanns Buch über »Die Gesellschaft der Gesellschaft«. White konnte sich auf dieses Buch noch nicht beziehen, da seine englische Übersetzung erst einige Jahre später erscheinen sollte, doch er bezog sich auf die Übersetzung von Luhmanns Buch »Soziale Systeme« und kommentierte, dass die dort präsentierte soziologische Theorie das Ergebnis einer »deep meditation« sei und auch eine solche verlange. Es war Luhmanns Sinnbegriff, der White faszinierte, weil er die inhärente Unruhe jeder Kommunikation und Handlung zu erfassen erlaubt. White selbst hatte die Idee des *Switching* ins Zentrum seiner Theorie gerückt, um den Wechsel der Bezüge von Kommunikation und Handlung auf verschiedene Systemreferenzen abbilden zu können. Kommunikation und Handlung sind im nächsten Moment schon nicht mehr, was sie vorher waren, weil sie ihre Voraussetzungen und Anschlüsse im Vollzug ihrer selbst variieren.

Diese »tiefe Einsicht« hinderte White jedoch nicht daran, eine »Mathematisierung« der Theorie Luhmanns vorzuschlagen, als er 2005 als erster Niklas-Luhmann-Gastprofessor an der Universität Bielefeld weilte. Es ist nicht überliefert, wie er sich diese Mathematisierung vorstellte, aber es ist typisch für die Arbeit von White, dass sich für ihn Meditation und Mathematik nicht ausschließen, sondern wechselseitig voraussetzen. Die Mathematik war für ihn kein Medium der quantifizierenden Vereindeutigung, sondern einer Erforschung von Strukturen, die sich einem intuitiven Verständnis entziehen. Immerhin hatte White sein Physikstudium am Massachusetts Institute of Technology Polymeren (Kunststoffe, Gele, Klebstoffe) gewidmet, die aus verzweigten, aber selbst-ähnlichen Strukturen nicht identischer Makromoleküle bestehen. Noch während der Arbeit an seiner Physik-Dissertation über »A quantum-mechanical calculation of inter-atomic force constants in copper«[1] besuchte er einen Abendkurs zur Soziologie des Nationalismus bei Karl W. Deutsch und begann, sich für die Anwendung mathematischer Methoden in der Soziologie zu interessieren. Schon zuvor war ihm aufgefallen, dass sich auch die angelsächsische Anthropologie für Netzwerk-

1 1955, im Alter von 25 Jahren; man beachte das Verhältnis von Quanten-Ungewissheit, atomaren Relationen und Konstanten.

strukturen interessierte. Für Polymere ist typisch, dass sie aus linearen, verzweigten, teilkristallinen, weit- und engmaschig vernetzten Makromolekülen bestehen,[2] deren Diversität, Wiederholung, Taktung, Verhärtung und Flexibilität ihn offenkundig an soziale Phänomene nicht etwa erinnerte, sondern ihn diese allererst sehen ließ.

White wurde berüchtigt für einen ebenso faszinierenden wie unverständlichen Zugriff auf soziale Phänomene. Man verglich seinen Schreibstil mit dem von James Joyce (»Finnegan's Wake« eher als »Ulysses«). Kollegen wie Scott Boorman, Michel Grossetti (sein französischer Übersetzer) und Richard Lachmann mussten ihn überzeugen, mehrere Aufenthalte in Paris und Toulouse dazu zu nutzen, sein 1992 erschienenes Hauptwerk über »Identity and Control: A Structural Theory of Action« so zu überarbeiten, dass es in einer zweiten Auflage, die 2008 mit dem neuen Untertitel »How Social Formations Emerge« erschien, für den Normalsoziologen zugänglicher wurde. Ob das gelungen ist, muss man diskutieren. Mir erscheint die erste Auflage nach wie vor brillanter und präziser. Begriffe wie *catnet*[3] oder *netdom*[4] sollen verständlich machen, wie decoupling, embedding und switching möglich sind.

White ist ein sogenannter *sociologists' sociologist*, das heißt ein Soziologe, der von Soziologen gelesen wird und keinerlei Konzessionen gegenüber irgendeiner Idee von Allgemeinverständlichkeit macht. So wichtig es ihm ist, ein Publikum zu finden, dass sich intellektuell für die in jeder Hinsicht faszinierende Konstitution des Sozialen interessiert, so wichtig war es ihm auch, auszureizen, was in diesem Zusammenhang unter einer Soziologie *als Wissenschaft* zu verstehen ist. Legendär ist sein Seminar *Social Relations* (»Soc Rel 10«), das er von 1963 bis 1986 an der Harvard University anbot und das zahlreiche Soziolog:innen besucht haben, die als Vertreter:innen sowohl der Netzwerktheorie als auch der Netzwerkanalyse berühmt wurden.[5]

Legendär ist White auch deswegen, weil es ihm mit einigen Büchern gelungen ist, ganze Teildisziplinen der Soziologie neu zu begründen – auch wenn man dies nicht oder erst spät realisiert hat. Das gilt für sein Buch »An Anatomy of Kinship: Mathematical Models for Structures of Cumulated Roles« (1963),

---

2 https://de.wikipedia.org/wiki/Polymer.

3 Für: *category-network*, ein Netzwerk von Relationen in Abhängigkeit von ihrer begrenzt variablen Kategorisierung.

4 Netzwerke innerhalb und zwischen Sinndomänen.

5 Siehe Nachweise in https://en.wikipedia.org/wiki/Harrison_White.

dessen Idee kumulierbarer *compound roles*[6] die Familiensoziologie und -anthropologie beeinflusste. Es gilt für sein Buch »Canvases and Careers: Institutional Change in the French Painting World« (1965), das er noch als Student zusammen mit seiner damaligen Frau Cynthia publizierte und das die Kunstsoziologie sowohl mit einem Begriff des institutionellen Systems als auch mit einem Verständnis der in heterogene Netzwerke von Karrieren, Konflikten, Technologien, Kritiken, Geschichten und Sozialstruktur eingebetteten Malerei versorgte. Es gilt für sein Buch »Chains of Opportunity: System Models of Mobility in Organizations« (1970), das seinen Forschungsaufenthalt an der Stanford University bei Herbert A. Simon, James G. March und Richard Cyert verarbeitet und die Idee der *vacancy chain* einführt, der Mobilisierung von Organisationen durch Leerstellen, die nachzubesetzen sind und deren Nachbesetzung neue Leerstellen schafft. Es gilt für seinen Artikel »Where Do Markets Come From?« (*American Journal of Sociology* 87, 1981) und das sehr viel später erschienene Buch »Markets From Networks: Socioeconomic Models of Production« (2002), in denen er im Anschluss unter anderem an Edward Chamberlin die Idee der in Beobachtungen der eigenen Marktseite begründeten Nischenstruktur von Märkten einführte. Und es gilt nicht zuletzt für »Identity and Control« in seinen beiden Fassungen, das die Grundlage einer Netzwerktheorie schuf, die Netzwerke als aus heterogenen Elementen bestehend und die bereits im Titel genannten Kontrollbeziehungen als die Voraussetzung der Entstehung, Erhaltung und Variation von Identität beschreibt.

In gewisser Weise blieb White Zeit seines Lebens der Sozialanthropologe, der dem Polymer-Physiker zur Seite stand. Ein soziologischer Zeitgeist, der sich mit Talcott Parsons für eine ›rationale‹ Moderne oder mit Niklas Luhmann für eine ›funktional differenzierte‹ Gesellschaft interessiert, blieb ihm eher fremd.[7] Ansätze einer Soziologie der Interaktion à la Erving Goffman (keine *performance* ohne eine *audience*, ein *public*) und einer historischen Soziologie mit maximalem Respekt für die Komplexität des Einzelfalls lagen ihm wesentlich mehr. Berühmt wurde sein vielleicht wichtigstes Beispiel für die Kontrolle von Identität in sozialer Interaktion, nämlich das Sandkastenspiel von Kindern.[8]

6 Väter, die gleichzeitig Gatten; Kinder, die gleichzeitig Enkel sind, und so mit je unterschiedlichen Rollenerwartungen unterschiedlich adressiert werden können.

7 So intensiv er sich auch mit Luhmann auseinandersetzte, siehe insbesondere »Identity and Control« (2. Auflage, S. 177 ff., 237 ff.).

8 Für die ein Spielzeug erst interessant wird, wenn ein anderes Kind eher spontan auf es zugreift (»Identity and Control«, 1. Auflage, S. 6 f.)

Letztlich ging es ihm immer wieder um soziale Moleküle, die komplex zusammengesetzt sind und in komplexen Verhältnissen interagieren. Mit striktem Abstand sowohl zur Psychologie als auch zur Ökonomie[9] ging es ihm um die Frage, anhand welcher *Parameter*[10] Identitäten und Kontakte von sich auskoppelnden sozialen Phänomenen erklärt werden können, die ebenso klebrig wie variabel sind.[11]

Das akademische Fach der Soziologie hat die Rezeption der Netzwerktheorie von Harrison C. White noch vor sich. G. Reza Azarian: »The General Sociology of Harrison C. White. Chaos and Order in Networks« (2005), Marco Schmitt und Jan Fuhse: »Zur Aktualität von Harrison White. Einführung in sein Werk« (2015) und Jorge Fontdevila: »Switchings among Netdoms. The Relational Sociology of Harrison C. White« (2018[12]) haben hilfreiche Zugänge zum Werk bereitgestellt. White war der Auffassung, dass sich die Netzwerktheorie nicht in der bereits gängigen Netzwerkanalyse primär homogener Netzwerkelemente erschöpft, sondern ihre Mathematik erst noch finden muss. Und doch galten seine letzten Arbeiten (mit Frédéric C. Godart und Corinne Kirchner) Fragen der Sprache und des Sinns (erneut unter Bezug auf Luhmann): Wie muss man sich eine Grammatik vorstellen, die die Positionen von Subjekt und Objekt sowohl festhält als auch austauschbar macht? Und wie definiert man eine soziale Operation, die in diesem Austausch wiederholbar und wiedererkennbar bleibt?

Am 19. Mai 2024 ist Harrison C. White in Tucson, Arizona, gestorben. Die Soziologie verliert einen ihrer brillantesten Vertreter, nicht zufällig einen Quereinsteiger, wie es vor ihm bereits Durkheim, Tarde, Weber, Simmel, Parsons und Luhmann waren. Offenbar besteht eine innovative soziologische Theorie nicht zuletzt darin, neben der Arbeit an ihrem Gegenstand auch die Frage stellen zu können, mit welchen Mitteln sie welche Leistungen zu erbringen vermag.

Dirk Baecker

9 Siehe vor allem seine beiden Aufsätze »Social Networks Can Resolve Actor Paradoxes in Economics and in Psychology« (*Journal of Institutional and Theoretical Economics* 151, 1995), und »Network Switchings and Bayesian Forks: Reconstructing the Social and Behavioral Sciences« (*Social Research* 62, 1995).

10 Bruno Latour hatte von der Notwendigkeit einer *Infrasprache* gesprochen.

11 Siehe »PARAMETERIZE! Notes on Mathematical Modeling for Sociology« (*Sociological Theory* 18, 2000).

12 In François Dépelteau (ed.), »The Palgrave Handbook of Relational Sociology«, New York: Palgrave MacMillan.

Habilitationen

Dr. Charlotte Ullrich hat sich am 24. Juni 2024 an der Universität Heidelberg habilitiert. Die Habilitationsschrift trägt den Titel »Qualitative Methoden als Forschungszugang zur Gesundheitsversorgung: Bestandsaufnahme, Methodenentwicklung und Methodenanwendung«. Die venia legendi lautet Versorgungsforschung.

Dr. Ina Krause hat sich am 15. Februar 2023 an der Technischen Universität Dresden habilitiert. Die Habilitationsschrift trägt den Titel »Entkoppelte Arbeitswelten«. Die venia legendi lautet Soziologie.

Call for Papers

Das Erzählte, das Bildliche, das Filmische. Mit Roland Barthes soziologisch arbeiten

Frühjahrstagung der Sektion Kultursoziologie am 20. und 21. März 2025 an der Technischen Universität Dresden

Roland Barthes zeichnet sich besonders durch seine subtilen und scharfsinnigen Beobachtungen von modernen Gesellschaften aus. So können bereits seine bis heute populären *Mythen des Alltags* (1957) als eine (kultur-)soziologische Arbeit gelesen werden. Während sein Werk unter anderem in deutschsprachigen linguistischen und literaturwissenschaftlichen Kreisen breit rezipiert wird, erhält es in der Soziologie vergleichsweise wenig Beachtung. Dies mag erstaunen, weist die von ihm verfolgte Strategie der Dechiffrierung des Gesellschaftlichen doch vielerlei Affinitäten zu Beobachtungs- und Thematisierungsstilen auf, die in die Soziologie erst mit Autor:innen wie Harold Garfinkel, Howard Becker, Blanche Geer oder Erving Goffman Eingang gefunden haben.

Im unmittelbaren und scheinbar fraglos Gegebenen arbeitete er verschiedene Schichten codierter Botschaften, metasprachlicher Bedeutungsverschiebungen und nicht zuletzt eine Poetik des Alltäglichen heraus. Damit sind Berührungspunkte für eine ganze Reihe soziologischer Problemstellungen gegeben, so zum Beispiel sprachlich und bildlich verankerte Herrschaftsverhältnisse, die eigensinnige Medialität von Interaktionen, die Biografie als Medium der Selbstthematisierung, die filmische Spiegelung des Gesellschaftlichen oder die Organisation sowie Tradierung von Wissensvorräten in verschiedenen semantischen Feldern. Der Fokus der geplanten Tagung liegt deshalb auf dem Erzählten (1), dem Bildlichen (2) und dem Filmischen (3).

(1) Soziale Akteur:innen können als Träger:innen gesellschaftlich verwurzelter Wahrnehmungs-, Denk- und Bewertungsschemata – kultureller Codes – betrachtet werden, die sich in den Tiefenstrukturen von Erzählungen

niederschlagen. Entlang der drei barthes'schen Diskursebenen – *fonctions, actions, narrations* – können solche Strukturen nicht nur in literarischen Erzählformaten (Romanen, Novellen usw.), sondern auch in anderen kommunikativen Kontexten, die auf das Erzählen als präferierter Mitteilungsform zurückgreifen, freigelegt werden, zum Beispiel in Interviews, Tagebüchern, Erlebnisberichten und anderes mehr. So kann beispielsweise diskutiert werden, wie sich eine solche »vertikale Lektüre« des Erzählten zur Prämisse der Sequenzialität bei der Auswertung von sprachlichen Materialien in der qualitativen Sozialforschung verhält.

(2) Barthes ist insbesondere für seine originellen Zugänge zu bildlichen Materialien international bekannt geworden. Mit seiner Differenzierung von drei Bildbotschaften – *messages linguistiques, dénotés, connotés* – und ihren komplexen Verbindungen erschließt er eine rhetorische und damit kommunikative Dimension des Fotografischen. Die Fotografie ist als ein Dokument für die soziologische Forschung Medium der Rekonstruktion gesellschaftlich sedimentierter Wissensbestände sowie seiner (kommunikativen) Funktionsweisen und Strukturlogiken. In der deutschsprachigen visuellen Soziologie werden einige Aspekte von Barthes' Konzepten und Thesen zum Bildlichen referiert und diskutiert, besonders im Zusammenhang des sogenannten *visual turn.*

(3) Auch wenn das Filmische keine herausragende Stellung in seinem Œuvre einnimmt, hat sich Barthes mit der Frage beschäftigt, ob und wie der Spielfilm als eine symbolisch organisierte Sinnform rekonstruiert werden kann. Ausgangspunkt seiner Überlegungen ist die Parallelität des *Erlebens* eines insignifikanten visuellen Geschehens und des *Verstehens* einer darin eingelagerten signifikanten Narration. Gefragt wird zum Beispiel, was ein Film überhaupt kommuniziert, wenn das Gezeigte nicht zugleich auch das Gesagte ist. Aus der Rekonstruktion der Spezifika des filmischen Zeichens lassen sich methodische Überlegungen hinsichtlich der systematischen Rekonstruktion filmischer Botschaften und ihrer Codes ableiten.

Auf der Tagung soll das Potenzial der Arbeiten Barthes' für soziologische Überlegungen sowohl auf empirischer als auch theoretischer Ebene gezeigt werden. Vor diesem Hintergrund sollen unter anderem folgende Fragen diskutiert werden:

- Wie können Barthes' Ansätze in der qualitativen Sozialforschung fruchtbar gemacht werden?
- Welche Barthes'schen Konzepte oder Werkzeuge können im Rahmen anderer methodologischer Paradigmen dargestellt und angewandt werden?

- Wie lässt sich die »vertikale Lektüre« verschiedener Diskursebenen in ein systematisches Verfahren zur Auswertung von Interviewtranskriptionen und anderen Dokumenten übersetzen?
- Wie lassen sich Barthes' bild- und filmtheoretische Überlegungen soziologisch fruchtbar machen?
- Worin besteht der Gewinn einer semiotischen Betrachtung kultureller Codes für bestimmte Felder der Soziologie (unter anderem Wissens-, Medien- und Geschlechtersoziologie)?
- Wie kann an die eher phänomenologisch und sinntheoretisch getönten Arbeiten des »späteren Barthes« zu Fragen der Medialität der Selbst- und Fremdthematisierung angeknüpft werden?
- Inwieweit können Barthes'sche Perspektiven bei einer reflektierten und selbstkritischen Betrachtung des eigenen Forschungsprozesses behilflich sein?

Den ausführlichen Call mit Literaturhinweisen finden Sie auf der homepage der Sektion unter https://soziologie.de/sektionen/kultursoziologie. Wir freuen uns über Abstracts bis zum **31. Oktober 2024** (1.000 bis 1.500 Zeichen inkl. Leerzeichen). Einreichungen von Mitgliedern aller Qualifikationsstufen sind herzlich willkommen! Senden Sie Ihre Beitragsvorschläge bitte an die Organisator:innen:

Mirjam Gräbner
mirjam.gräbner@tu-dresden.de und

Pauline Dunkel
pauline.dunkel@tu-dresden.de

Social Policy and Inequality in the Polycrisis

Joint conference of the German Sociological Association Sections Social Policy and Social Inequality and Social Stratification, 24 to 26 March 2025 at the University of Bamberg

Developed welfare states are currently affected by multiple crises that are not only related to social inequalities but are also likely to shape the social structure of modern societies in the long run. These include developments such as international conflicts and wars, the climate crisis, pandemics, demographic ageing, the heterogeneous perception of (refugee) migration and how to deal with it, and the increasing popularity of extremist parties. Although modern welfare states have the means to respond to crisis-induced inequalities in the short term and provide compensatory mechanisms (e.g., short- time work benefits during the Covid-19 pandemic), the current confluence of crises poses greater challenges for social policy and may at the same time call into question the basis of its political legitimacy. While some argue that these challenges can only be met with welfare state compensation that addresses citizens' urgent problems and reduces inequalities, others claim that overly generous spending and social benefits that seem to be used by only a few pose a threat to the welfare state and its support among citizens. Still others argue that in times of multiple crisis social policy should re-focus on the welfare and living conditions of future generations, investing more in education or measures to mitigate global warming to avoid future increases in social inequality.

At the joint conference we want to reflect these current developments from an inequality and a social policy perspective, asking (1) which consequences current crises as well as their policy responses have for social inequality and individuals' socio-economic well-being, behaviour, and attitudes, and (2) how today's social inequalities as well as their individual-level perceptions and consequences are reflected in policy and politics. Do crises and reforms alter citizens' attitudes towards inequality and related policies, and if yes, why is this so? Are current reforms a consequence of crises, or do these rather serve as rationale for reforms with other purposes?

Submissions may cover a broad scope of topics such as income and wealth, family, housing, attitudes, political discourse, social policy design, and apply both quantitative and qualitative methods. Comparative and theoretical perspectives are welcome as well. Please submit an abstract in German or English language not longer than 500 words until **1st November 2024** to conference.sfa@uni-bamberg.de. Notification of the selection will be made by 1st December 2024. Presentations may be in English or German. The conference fee is 30 Euro.

Both sections would like to draw attention of young researchers to the possibility to apply for travel allowances for accepted abstracts, should no other funding be possible. The Section Social Inequality and Social Stratification awards an allowance of up to 400 euros for travel and accommodation (see homepage of the Section). The Section Social Policy likewise invites

PhD researchers who are members of the Section to apply for travel subsidy (contact see homepage of the Section).

The conference organisers are Katja Möhring (Sektion Sozialpolitik und Universität Bamberg), Corinna Kleinert (Sektion Soziale Ungleichheit und Sozialstrukturanalyse, Universität Bamberg und Leibniz-Institut für Bildungsverläufe, LIfBi) and Andreas Weiland (Universität Bamberg).

Contact:
conference.sfa@uni-bamberg.de

A Climate of (De-)Civilization? Shifting Dynamics between Nature and Society

TU Dortmund University, March 12 to 14, 2025

In recent years, environmental issues have gained increased attention in sociological research and theory. In particular, Norbert Elias' process (also called figurational) sociology has proven to be fertile ground for the development of *Denkwerkzeuge* (thinking tools), concepts and theories for studying socio-environmental relations (e.g., triad of basic controls, fantasy-reality continuum, Elias' sociology of knowledge). Despite this, and the pioneering work of scholars like Johan Goudsblom and his students, process sociological perspectives remain largely unknown in environmental sociology and related fields.

The conference *A Climate of (De-)Civilization: Shifting Dynamics between Nature and Society* aims to explore the value of process sociology for the study of socio-environmental crises at multiple levels, related societal conflicts, and sustainability issues in general.

Thematically, the conference focuses on current socio-environmental crises (e.g., climate change, biodiversity loss, land-use, soil loss and degradation, pollution, ecological overshoot, and more) as manifestations of a destructive exploitation of natural resources and environmental services. Though global in scope, efforts to mitigate these problems and deal with their impacts span multiple levels, from local to international. Accompanying these efforts are various forms of social conflict, also at multiple levels. In international negotiations, for instance, there is controversy over state responsibilities to mount and finance mitigation efforts and compensate for damages and losses. Within states, conflicts between supporters and opponents and perceived »winners« and »losers« of socio-ecological transformation efforts have intensified. Particularly in the Global South (but not only there) environmental activists have increasingly been prosecuted and even become victims of physical violence.

Using technology in tackling environmental crises often reveals a Janus-faced character. For instance, artificial intelligence (AI) and further digital technologies are increasingly used to mitigate climate change and detect environmental degradation, and yet AI processing has a massive carbon footprint. Similar ambivalences are constitutive for other mitigation policies relying on technologies, too (e.g. nuclear power, battery electric vehicle, or »green hydrogen«). Nevertheless, such »technological solutions« are dominant in most political and societal discourses; rather than incorporating greater self-restraint in relation to human consumption activities. Because issues of climate change mitigation as well as environmental degradation are related to almost every aspect of modern life (e.g. mobility, nutrition, housing, etc.), questions of ecological sustainability regularly turn into struggles over lifestyle. And recent research on phenomena like »eco anxiety«, »environmental grief«, and »flight shame« indicates shifts and inner conflicts at the psychological level, too.

Overall, the disastrous impacts of gradual global warming and disruptive large-scale changes in earth systems mean that humanity at large may be returning to a state of heightened threat from extra-human events in a catastrophic form. From an Eliasian perspective, the unfolding of the climate catastrophe would be the basis for weakened societal controls as well as weakened self-control. In short, it could contribute to processes of de-civilization. All these issues cursorily sketched here, illustrate the value of a process sociological framework for shedding important light on the human predicament.

Generally, process sociological approaches incorporate long-term perspectives as well as the interdependencies between changes on the social level on the one hand and changes on the level of habitus on other hand. We encourage scholars to submit contributions that apply an Eliasian framework (in a broad understanding), both theoretically and in empirical research. Please note, the terms »ecological crisis«, »nature« and »climate« are also conceptualized in a wide manner and comprise numerous issues that can be subsumed under these terms. Potential topics for contributions include:

- long-term environmental change and civilization
- current ecological crises (climate change, biodiversity loss, etc.) and civilization
- the fantasy-reality continuum in human/non-human relations
- the relationship between societal changes and mentalities
- gender, ecology & environmental movements
- post-colonial perspectives on civilization theory and nature
- emotional sociology
- long-term change of power relations and interdependencies
- behavior, emotions & sustainability
- climate jurisdiction, law & nature
- global interdependencies & international relations against the background of planetary ecological relations
- science, technology, and nature
- sociological perspectives on sustainability transitions
- human-animal-relations
- violence & nature

Some funding is available to cover travel expenses for a limited number of participants, especially early career researchers without institutional funding. Please indicate if your participation depends on this funding.
Please send an abstract (max. 300 words) together with a CV (100 words) to eliasconference.fk17@tu-dortmund.de by **30 November, 2024**. Successful applicants will be contacted by the organizers by 20 December.

Organizers are Marta Bucholc (University of Warsaw, Poland), Debbie Kasper (Hiram College, Ohio), André Saramago (University of Coimbra, Portugal) and Bernd Sommer (TU Dortmund University, Germany)

Contact:
eliasconference.fk17@tu-dortmund.de

Tagungen

Trends und Themen in der Umwelt- und Nachhaltigkeitssoziologie

Themenoffene Herbsttagung der Sektion Umwelt- und Nachhaltigkeitssoziologie am 24. und 25. Oktober 2024 an der Universität Augsburg

Die diesjährige Herbstveranstaltung der Sektion Umwelt- und Nachhaltigkeitssoziologie ist als *themenoffene* Tagung angelegt, in der sowohl theoretische als auch empirische Beiträge in den Bereichen Umwelt und Nachhaltigkeit willkommen sind. Die Tradition der themenoffenen Tagung aus den Jahren zuvor aufgreifend, soll damit Gelegenheit geboten werden, aktuelle Fragen, methodische Ansätze und konzeptionelle Ausrichtungen umwelt- und nachhaltigkeitssoziologischer Forschungen zu präsentieren und diskutieren zu lassen. Geplant sind umwelt- und nachhaltigkeitsbezogene Beiträge auch aus angrenzenden Disziplinen wie beispielsweise der Politikwissenschaft, Psychologie, Geographie oder Anthropologie, um der Breite und Vielfalt umwelt- und nachhaltigkeitssoziologischer Forschungen und darüberhinausgehender Umweltforschung gerecht zu werden.

Die Tagung ist verbunden mit einem *Symposion zu Ehren Karl-Werner Brand*s, der in diesem Jahr seinen 80. Geburtstag begeht. Karl-Werner Brand hat sich mit seinen vielfältigen Forschungen und Werken sowohl für die Umwelt- und Nachhaltigkeitssoziologie in Deutschland als auch für die Sektion in besonderer Weise verdient gemacht – unter anderem als Mitbegründer und langjähriger Sprecher der Sektion sowie als Herausgeber und Autor zahlreicher thematisch einschlägiger Werke. So möchten wir dies zum Anlass nehmen, diese Verdienste zu würdigen.

Veranstaltungsort ist das Zentrum für Klimaresilienz, Universitätsstraße 12 in Augsburg. Mit Fragen oder Nachrichten wenden Sie sich bitte an Christiane Schürkmann (schuerkm@uni-mainz.de) oder Rubén Kaiser (Ruben.Kaiser@uni-jena.de).

Offene Jahrestagung des Arbeitskreises Soziologie der internationalen Beziehungen

Veranstaltung des AK SiB in der DVPW am 7. und 8. November 2024 an der Universität Bielefeld

Die kommende Jahrestagung des AK Soziologie der internationalen Beziehungen ist bewusst themen-offen angelegt: Nach mehreren produktiven themenbezogenen Jahrestagungen wollen wir dieses Jahr die Perspektive erweitern und gemeinsam diskutieren, was aktuell spannende Forschungsthemen, Debatten und Kontroversen im Bereich der Soziologie der internationalen Beziehungen sind. Zentrale Fragen für die Diskussion auf der Tagung sind:

- Was sind fruchtbare Themenfelder und Forschungsgegenstände für eine soziologisch- inspirierte Perspektive auf internationale Beziehungen?
- Welche Ansätze sollten weitergedacht und -entwickelt werden? Welche Theorie- und Methodenentwicklungen bieten innovative Impulse für soziologisch-inspirierte Forschung zu internationalen Beziehungen?
- Wie helfen soziologisch-inspirierte Fragestellungen, Ansätze und/oder Methoden, neue oder andere Blicke auf weltpolitische Themen zu werfen?

Neben dem inhaltlichen Austausch über die Forschungsinteressen der Teilnehmenden möchten wir die Jahrestagung auch für eine gemeinsame Reflexion über die Vergangenheit, Gegenwart und Zukunft der Soziologie der internationalen Beziehungen nutzen. Das Feld ist den vergangenen 20 Jahren stark gewachsen und hat produktive Beiträge zu einer Vielzahl von Themen geleistet, wie etwa – um nur einige Beispiele zu nennen – interorganisationale Beziehungen, die Rolle von Wissen und Wissensobjekten, die vielfältigen Formen von Autorität, die Rolle von Normen und Praktiken, die Reproduktion von Ungleichheiten, oder die Geschichte des »Internationalen«. Diese erfreuliche Themenbreite und Pluralität der Ansätze werfen jedoch auch Fragen nach dem Gemeinsamen auf: Was zeichnet Soziologie in den internationalen Beziehungen aus? Sprich: Was ist das Verbindende bei aller Vielfalt? Oder etwas provokativer gefragt: Gibt es ein Nebeneinander verschiedener internationaler politischer Soziologien? Und wenn, wie hat sich dieses Nebeneinander entwickelt? Ist diese Pluralisierung ein Problem – oder kann sie produktiv gemacht werden? Wo sind Lücken oder Grenzen einer Soziologie in den internationalen Beziehungen? Welche Impulse wären für eine Weiterentwicklung sinnvoll? Wir möchten mit der Jahrestagung einen Raum schaffen, um über diese und ähnliche Fragen offen und konstruktiv ins Gespräch zu kommen.

Die Tagung wird vom Sprecher*innenteam des AK: Luis Aue, Ben Christian, Leonie Holthaus, Holger Niemann und Thomas Müller organisiert. Bitte senden Sie Ihre Fragen an

aksib@dvpw.de

Anerkennung – Autonomie – Alltag

Ein Symposium zur Würdigung von Werk und Wirken von
Elisabeth Beck-Gernsheim am 13. Dezember 2024 an der
Ludwig-Maximilians-Universität in München

Elisabeth Beck-Gernsheim gehört seit den 1980er Jahren zu den produktivsten und eigensinnigsten Soziolog*innen in Deutschland. Ihre Arbeiten haben die Frauen-, Geschlechter-, Migrations- und Familiensoziologie ebenso geprägt wie ihre Analysen und Konzeptualisierungen Wichtiges zur soziologischen Theorie und zur öffentlichen Diskussion beigetragen haben.

Ulrich Bielefeld, Stefan Hradil, Karin Jurczyk, Heiner Keupp, Christoph Lau, Ilse Lenz, Ilona Ostner, Hans Pongratz, Johanna Possinger, Maria Rerrich, Sarah Speck, Natan Sznaider, Barbara Thiessen, Paula-Irene Villa Braslavsky und Christine Wimbauer werden zum Symposium beitragen.

Die Veranstaltung findet von 10 bis 17 Uhr im Senatssaal der LMU, Geschwister-Scholl-Platz 1 statt.

Bitte melden Sie sich über den QR-Code an.

Prof. Dr. Dirk Baecker, Zeppelin Universität, Am Seemooser Horn 20, D-88045 Friedrichshafen, E-Mail: Dirk.Baecker@zu.de

Dr. Eva Bahl, Universität Göttingen, Institut für Methoden und methodologische Grundlagen der Sozialwissenschaften, Goßlerstraße 19, D-37073 Göttingen, E-Mail: ebahl@uni-goettingen.de

Dr. Johannes Becker, Leibniz-Zentrum Moderner Orient, Kirchweg 25, D-14129 Berlin, E-Mail: Johannes.Becker@zmo.de

Dr. Sonja Berghoff, CHE Centrum für Hochschulentwicklung, Carl-Bertelsmann-Straße 256, D-33311 Gütersloh, E-Mail: sonja.berghoff@che.de

Prof. Dr. Jörg Blasius (i.R.), Universität Bonn, Institut für Politische Wissenschaft und Soziologie, Lennéstraße 27, D-53113 Bonn, E-Mail: jblasius @uni-bonn.de

Prof. Dr. Manuela Boatcă, Albert-Ludwigs-Universität Freiburg, Institut für Soziologie, Rempartstraße 15, D-79085 Freiburg im Breisgau, E-Mail: manuela.boatca@soziologie.uni-freiburg.de

Paul Distler, M.A., Technische Universität Chemnitz, Institut für Medienforschung, Thüringer Weg 11, D-09126 Chemnitz, E-Mail: paul.distler @phil.tu-chemnitz.de

Prof. Dr. Thomas Hinz, Universität Konstanz, Fachbereich Geschichte, Soziologie, Sportwissenschaft und empirische Bildungsforschung, D40, D-78457 Konstanz, E-Mail: thomas.hinz@uni.kn

Dr. Marc Hüsch, CHE Centrum für Hochschulentwicklung, Carl-Bertelsmann-Straße 256, D-33311 Gütersloh, E-Mail: marc.huesch@che.de

Pascal Klassert, M.A., Goethe Universität, Fachbereich Gesellschaftswissenschaften, Institut für Soziologie, Theodor W. Adorno Platz 6, D-60629 Frankfurt am Main, E-Mail: klassert@em.uni-frankfurt.de

Prof. Dr. Maren Lehmann, Zeppelin Universität, Am Seemooser Horn 20, D-88045 Friedrichshafen, E-Mail: maren.lehmann@zu.de

Dr. Catharina Peeck-Ho, Carl von Ossietzky Universität Oldenburg, Fakultät I, Institut für Sozialwissenschaften, Ammerländer Heerstraße 114-118, D-26129 Oldenburg, E-Mail: catharina.peeck-ho@uni-oldenburg.de

Sabrina Tietz, M.A., Technische Universität Chemnitz, Institut für Medienforschung, Thüringer Weg 11, D-09126 Chemnitz, E-Mail: sabrina.tietz@phil.tu-chemnitz.de

Saskia Ulrich, CHE Centrum für Hochschulentwicklung, Carl-Bertelsmann-Straße 256, D-33311 Gütersloh, E-Mail: saskia.ulrich@che.de

Prof. Dr. Paula-Irene Villa Braslavsky, Ludwig-Maximilians-Universität München, Institut für Soziologie, Konradstraße 6, D-80801 München, E-Mail: paula.villa@lmu.de

Prof. Dr. Gerhard Wagner, Goethe Universität, Fachbereich Gesellschaftswissenschaften, Institut für Soziologie, Theodor W. Adorno Platz 6, D-60629 Frankfurt am Main, E-Mail: g.wagner@soz.uni-frankfurt.de

Muriel Wagner, M.A., Goethe Universität, Fachbereich Gesellschaftswissenschaften, Dekanat, Theodor W. Adorno Platz 6, D-60629 Frankfurt am Main, E-Mail: m.wagner@soz.uni-frankfurt.de

Nils Witte, PhD, Bundesinstitut für Bevölkerungsforschung, Friedrich-Ebert-Allee 4, D-65185 Wiesbaden, E-Mail: Nils.Witte@bib.bund.de

Prof. Dr. Tobias Wolbring, Friedrich-Alexander-Universität Erlangen-Nürnberg, Fachbereich Wirtschafts- und Sozialwissenschaften, Findelgasse 7/9, D-90402 Nürnberg, E-Mail: tobias.wolbring@fau.de

Thore Zielke, M.A., Technische Universität Chemnitz, Institut für Medienforschung, Thüringer Weg 11, D-09126 Chemnitz, E-Mail: thore.zielke@phil.tu-chemnitz.de

Symposion
Autorschaft

Das Symposion über Autorschaft schließt an das Symposion über Plagiate (Heft 4/2022) an. Es geht um das Verhältnis von Autor und Text, Text und Gegenstand, Text und Leser:in. Wann ist es sinnvoll und erlaubt, mit dem Personalpronomen ›Ich‹ die Autorschaft in einem Text auch explizit zu machen, fragt Paula-Irene Villa. Maren Lehmann entwirft eine Soziologie der Personalisierung, die sich vor einer Subjektivierung hüten muss, auf die dennoch nicht verzichtet werden kann. In welchen blinden Flecken bewegt sich eine Autor:in, die sich postkolonial engagiert, fragt Manuela Boatcă. Und Dirk Baecker diskutiert die Frage, inwiefern ein Text und sein/e Autor:in Teil der sozialen Wirklichkeit sind, von denen sie handeln.

The symposium on authorship follows on from the symposium on plagiarism (issue 4/2022). It deals with the relationship between author and text, text and subject, text and reader. Paula-Irene Villa asks when it makes sense and is permissible to use the personal pronoun ›I‹ to make authorship explicit in a text. Maren Lehmann drafts a sociology of personalization that must be wary of subjectification, which nevertheless cannot be dispensed with. Manuela Boatcă asks what blind spots an author who engages in postcolonialism finds themselves in. And Dirk Baecker discusses the question of the extent to which a text and its author(s) are part of the social reality they deal with.

Muriel Wagner, Pascal Klassert, Gerhard Wagner
Early Career Researchers als Wissenschaftskapitalisten

ECRs konkurrieren um knappe Stellen. Für sie stellt sich die Frage nach der besten Strategie, um auf eine Professur berufen zu werden. Wir leisten mit Blick auf die Soziologie einen Beitrag zur Beantwortung dieser Frage. Zunächst stellen wir zur allgemeinen Orientierung eine im Anschluss an Bourdieu entwickelte Kapitaltheorie vor, mit der alle durch Arbeit beeinflussbaren Determinanten wissenschaftlicher Karrieren systematisiert werden können. Dann sichten wir auf der Folie dieser Theorie einige relevante empirische Studien, um Aufschluss darüber zu bekommen, welches spezifische Kapital sich als karrierefördernd erwiesen hat. Abschließend formulieren wir Empfehlungen, die ECRs zur Planung ihrer Karrieren dienen können.

ECRs compete for scarce positions. For them, the question arises as to the best strategy for being appointed to a professorship. We make a contribution to answering this question with regard to sociology. First, for general orientation, we present a capital theory following Bourdieu, with which all determinants of academic careers that can be influenced by work can be systematized. We then use this theory to examine a number of relevant empirical studies in order to gain insight into which specific capital has proven to be career-enhancing. Finally, we formulate recommendations that ECRs can use to plan their careers.

Sonja Berghoff, Jörg Blasius, Thomas Hinz, Marc Hüsch, Saskia Ulrich und Tobias Wolbring
Das Fach Soziologie im CHE Ranking 2024/2025

Nach einer über zehnjährigen Pause nimmt das Fach Soziologie ab 2024 wieder am CHE Ranking teil. Vorangegangen war die intensive Arbeit eines Fachbeirates, bestehend aus Vertreterinnen und Vertretern des CHE, der DGS und der Akademie für Soziologie, die die Erhebungsmethode und die -instrumente grundlegend überarbeitet haben. Damit wurden die bisherigen Kritikpunkte behoben, die von vielen soziologischen Instituten geäußert worden waren und schließlich zu deren Nicht-Teilnahme am Ranking führten. Im vorliegenden Artikel beschreiben wir die Zusammensetzung des Fachbeirats und der Arbeitsgruppen, die wichtigsten Erneuerungen und die spezifischen Anpassungen in den Erhebungsmethoden, die zur Wiederaufnahme des Fachs Soziologie ins CHE-Ranking führten. Diese Anpassungen der Erhebungsinstrumente als auch die Einführung eines neuen Auswertungsverfahrens waren notwendig, um die Belastbarkeit und Aussagekraft der Ergebnisse zu erhöhen. Des Weiteren stellen wir erste Ergebnisse der Datenerhebungen vor.

After a break of more than ten years, from 2024 on sociology will once again take part in the CHE ranking. This was preceded by the intensive work of an advisory board consisting of representatives of the CHE, the DGS and the Academy of Sociology, who fundamentally revised the survey method and instruments. This rectified the previous points of criticism that had been voiced by many sociological institutes and ultimately led to their non-participation in the ranking. In this article, we describe the composition of the advisory board and the working groups, the most important changes and the specific adjustments to the survey methods that led to the re-entry of sociology in the CHE ranking. These adjustments to the survey instruments and the introduction of a new evaluation procedure were necessary in order to increase the reliability and informative value of the results. We also present the initial results of the data collection.

Jahresinhaltsverzeichnis 2024

Identität und Interdisziplinarität

Forschen, Lehren, Lernen

DGS-Nachrichten

Berichte aus den Sektionen und Arbeitsgruppen

Nachrichten aus der Soziologie

Autorinnen- und Autorenverzeichnis

Bitte berücksichtigen Sie folgende Hinweise zur Textgestaltung:

Verwenden Sie *Fußnoten* nur für inhaltliche Kommentare, nicht für bibliographische Angaben. Geben Sie *Literaturhinweise im Text* durch Nennung des Autorennamens, des Erscheinungsjahres und ggf. der Seitenzahl in Klammern. Zum Beispiel (König 1962: 17).

Bei *bis zu drei Autor:innen* geben Sie alle Namen an und trennen durch Kommata; bei *mehr als drei Autor:innen* ergänzen Sie den ersten Namen um »et al.«. Kennzeichnen Sie *mehrere Titel pro Autor:in* und Erscheinungsjahr durch Hinzufügung von a, b, c … (König 1962a, 1962b).

Mehrere, aufeinander folgende Literaturhinweise werden durch Semikolon getrennt (König 1962: 64; Berger, Luckmann 1974: 137)

In der *Literaturliste am Schluss des Manuskriptes* führen Sie alle zitierten Titel alphabetisch nach Autorennamen und je Autor:in nach Erscheinungsjahr (aufsteigend) geordnet auf, bei mehreren Autor:innen alle namentlich durch Schrägstrich getrennt nennen. Geben Sie Verlagsort und Verlag an.

Bücher: Luhmann, Niklas 1984: Soziale Systeme. Grundriss einer allgemeinen Theorie. Frankfurt am Main: Suhrkamp.

Zeitschriftenbeiträge: Müller-Benedict, Volker 2003: Modellierung in der Soziologie – heutige Fragestellungen und Perspektiven. SOZIOLOGIE, 32. Jg., Heft 1, 21–36.

Beiträge aus Sammelbänden: Lutz, Helma 2003: Leben in der Twilightzone. In Jutta Allmendinger (Hg.), Entstaatlichung und soziale Sicherheit. Opladen: Leske + Budrich, 254–266.

Internetquellen: Stark, Philip B. / Freishtat, Richard 2014: An Evaluation of Course Evaluations. ScienceOpen Research, doi: 10.14293/S2199-1006.1.SOREDU.AOFRQA.v1.

oder Steffen, Wiebke 2003: Polizeilich registrierte Gewalttaten junger Menschen: Grund zu Furcht und Sorge? Sozialwissenschaften und Berufspraxis, 26. Jg., Heft 2, 135–148. https://nbn-resolving.org/urn:nbn:de:0168-ssoar-38044. Letzter Aufruf am 27. April 2021.

Im Literaturverwaltungsprogramm *Citavi* können Sie unseren *Zitationsstil »Soziologie – Forum der Deutschen Gesellschaft für Soziologie«* nutzen. Fügen Sie Ihrem Manuskript bitte eine *deutsche* und eine *englische Zusammenfassung von maximal je 15 Zeilen*, sowie *Name, Titel* und *Korrespondenzadresse* bei. Schicken Sie Ihren Text bitte als .docx, .rtf oder .odt per E-Mail an die Redaktion der SOZIOLOGIE: soz-red@sozio.uni-leipzig.de.

Für *Berichte aus den Sektionen* beachten Sie bitte, dass der Text 7.500 Zeichen (inkl. Leerzeichen) nicht überschreiten sollte.